警視廳武道師範
劍道範士　堀田捨次郎著

改版訂正　劍道新手引

東京
東江堂版

例言

一、本書は中等學校其他各學校の教授練習用書とすべく文部省の訓令に準據して當該學校の教育上適切なる材料を撰擇し其の教育の目的を貫徹せんことを期し編纂するものなり、

二、新たなる劍道教科書の刊行の目的は斯道に携はる者の齊しく希望して已まざる所なるを以て、本書を公に現下の急需に應じ、劍道の根本觀念及各技を理智的に説明し、規律的に教授し、其の要旨を會得せしむるに在り、

三、本書は心身の鍛錬を基礎とし、精細に且つ通俗的に説明し、何人にも其の意義を了解し、且つ簡易に實行し得ることを主意とせり、

四、較近本邦劍道の著書之れ有りと雖も、從來刊行せられたる者は、學校の課程に適當ならず、故に時勢の推移と共に、切實なる教材を刊行し現下の缺を補ひ、統一的に教授の目的を達成せんことを期す、

五、本書は理智的に業の根本原理を教授し其の智識的教育の不足を補はんが爲め、各章の秩序的動作要領に就き、斯道教育の目的を徹底せしむ、

六、本書は又、警察官司獄官青年團等の斯道教授の目的を貫徹せしむるに適切なる教授方法を採れり、

著　者　識

目次

第二編　應用訓練

目次終

劍道新手引

警視廳武道師範
劍道教士 堀田捨次郎著

第一編 教育訓練

第一章 教育の目的

劍道教育《けんだうけふいく》の目的は、心身の鍛錬を以《もつ》て根本精神とす、心身の鍛錬とは神聖嚴正なる法則《はうそく》に準《したが》ひ肉體と精神《せいしん》とを鍛錬し天成の氣象《きしやう》を養成《やうせい》するに在《あ》り、又我國の青年學生に之《こ》れを課する所以《ゆゑん》のものは之れを以て國民的觀念を更《さら》に鞏固《きやうこ》ならしめ、我國古來《わがくにこらい》の武士道を發揚《はつえう》し健全《けんぜん》なる國力の增進《そうしん》を企圖せしめんとするに在《あ》り、依て之が教育《けふいく》の目的を達成《たつせい》せんがため左《さ》の各項《かくかう》を養成す。

第一　體力の養成

技術訓練の法則《はうそく》に準ひ身體《しんたい》の動作を修練《しうれん》し以て剛健《ごうけん》なる身體を養成《やうせい》す。

第二　氣力の養成

身體を練磨《れんま》する間懸命の氣合を振起し潑溂《はつらつ》たる元氣を奮起し以て雄大《ゆうたい》なる膽氣《たんき》を養成す。

第三　精神の養成

敵對の觀念《かんねん》は生死を閃電聲裡に賭《と》するの覺悟を鞏固にし果斷、敏捷、注意、敢意の氣象《きせう》を養成するに在り。而して練習動作を反覆《はんぷく》するに從ひ腦裡一片の雜念生ぜず。塵勞妄想《ぢんらうもうそう》を去り所謂無念無想の境と爲り沈着、自信、進取、共同の精神《せいしん》を養成《ようせい》するを得《う》べし。

第四　武德の修養

劍道《けんどう》の練習は禮を以て本《もと》とす、其《そ》の一擧手《きよしゆ》一投足の運命を賭《と》するの動作は禮義と心身《しんしん》と一體と爲りて始めて至善《しぜん》なる動作と謂《い》ふべきなり。故に其の練習するは廉恥、禮讓《れいじやう》、忠君愛國の德性的觀念即ち武德を養成するを以て根本要義《こんぽんえうぎ》とす。

以上述べたる心身修養は左の要素《えうそ》によりて鍛錬《たんれん》すべし。

一、鍛錬《たんれん》の要素《えうそ》

生理方面

骨格と機能の强弱

姿勢と四肢の調和

動作の耐久及巧拙

心理方面

感受、忍耐、熱心、元氣、自覺

判斷、理解、記憶、工夫、自信

身體精神鍛錬の要素《えうそ》は何れに缺陷あるも適切《てきせつ》ならず、即ち體力の完全と精神の活動《かつどう》とにより漸次《ぜんじ》進步し、且つ其の體義を主《しゆ》とする各業の道理を悟《さと》り、以て心身を鍛錬《たんれん》し、其の目的を達成《たつせい》すべし、而して心身を鍛錬《たんれん》するには、德育的精神を離《はな》れたるものは心籠らず、身體《しんたい》の勞れるのみにして眞《しん》の活きたる業にあらず、故に德義により其《そ》の整正《ぜんせい》なる精神及體力を練磨《れんま》することに力《つと》むべし、而して

二、鍛錬《たんれん》の効果

鍛錬《たんれん》の効果は左に擧示《きよし》したるが如し。

一、生理方面

一、虚弱體を運動《うんどう》によりて漸次強壯體に導《みちび》く
二、全身《ぜんしん》を均齊《きんさい》に發達せしむ
三、各機能力《かくきのうりよく》の增大各筋肉の發達《はつたつ》を健全とす
四、視覺を鋭敏《えいびん》にす
五、皮膚の抵抗力《ていこうりよく》を強くす
六、呼吸器心臓及肺臓を強大《けふだい》にし血液運行を順調《じゆんてう》ならしむ

二、心理方面《しんりほうめん》

一、感情の斷滅《だんめつ》す
二、理解記憶力《きおくりよく》を增進す
三、沈鬱恐怖を脱却《だつきやく》す
四、精神《せいしん》を統《とう》一せしむ
五、惡癖《あくへき》の矯正及自制力を增大《ぞうだい》す
六、鎭重果斷意思力《ゐしりよく》を強固《きやうこ》にす

七、豁達《かつたつ》剛毅の氣象《きしやう》を發達す

八、不撓不屈淡泊磊落《たんぱくらいらく》の襟懷《きんくわい》たらしむ

九、嚴格《げんかく》と高尚《こうせう》なる意思を發達す

十、公德觀念を向上《こうじやう》せしむ

第二章　教材の選定

左に列記したる各項《かくこう》は正科に課すべき趣旨《しゆし》の要目なり。

一、武道《ぶどう》は國朝の精華《せいくわ》、國民の精粹《せいする》にして獨特なるもの

二、神洲男子の氣象《きしやう》に適《てき》したるもの

三、大和魂と稱《せう》する精神を鍛錬《たんれん》するもの

四、型《かた》及試合動作法を基礎《きそ》として其心身の活動《かつどう》に結合し或は學理に依りて補足《ほそく》したるもの

以上《いじやう》は劍道教授教材の大要《たいえう》なり。而《しか》して型及試合動作は包括的《ほうかつてき》に說言せば業之なり。業は凡《およ》そ左の種類《しゆるい》なりとす。

一、斬撃《ざんげき》　二、刺突《しとつ》　三、變撃《へんげき》　四、攻撃　五、防守の五項目とす

以上五項目《こうもく》は、何れも教材の大要《たいえう》を主として臨機應變の勝敗《せうはい》によりて、各有形的動作を爲す是れを業と云ふ、其の業を彼我《ひが》互に練磨《れんま》するに、竹刀は劍に模擬《もぎ》せるものにして、即ち劍の權化《ごんげ》なり。劍は武器《ぶき》にして武士の魂の形體なり。故に竹刀を採《と》り防禁、或は攻撃に勝敗の岐《わか》るゝ所以《ゆゑん》のものは體によりて武器を最《もつと》も正しく用ふるに在り。而《しか》して其の業を練磨反覆實行するは精心《せいしん》武士の精華發達して遂《つひ》に忠孝節義の道を完ふするに在《あ》るなり。昔日《せきじつ》に於ける教授は木劍を把《と》りて型試合等によりて殆《ほと》んど眞劍的に練磨したり。現今の防具竹刀は元和元年頃より簡單《かんたん》なるもの案出《あんしつ》せられ、練習の用に供せられたり。明治年代には着々改善《かいぜん》し、今日に於ては尤《もつと》も進歩し完備したり。而して斯道《しだう》を教授するもの今尚ほ昔日《せきじつ》の如く百有餘流の流派《りうは》は光彩燦爛として躍如《やくぢよ》たり。是れ寔《まこと》に我日本民族の情華にして日本魂の存する所以《ゆゑん》なり、然して正科教材は我國古來《わがくにこらい》よりの武道精華を保守《ほしゆ》し、各流派《かくりうは》の業の特色《とくしよく》を通じて其長を採り骨子《こつし》と爲し、新に善良なるものを加へ教育の課程《くわてい》に適合せしめ規律《きりつ》秩序《ちつぢよ》の下に著實《ちやくじつ》なる進歩を爲さしめんとす、即ち時世進運《しんうん》の人智を照して新舊の間を取捨《しゆしや》し、改善進取を採《と》り精神的に徹底《てつてい》せしめんことを期す。

第三章　教育上の要訣

人は天稟《てんりん》に雙手雙脚を有《ゆう》し、又靈妙なる精神を具有《ぐゆう》す、故に普通に生體あり、精心が備《そな》はるものなれば、修練により其の誤能《ごのう》と武と徳性と同化《どうか》せしめることを得べし、而して從來《じゆうらい》より劍道《けんどう》は之を秘密にし、一種不可解《ふかかい》なるものゝ如く其の練習《れんしゆう》を以て難事と思推《しすゐ》すれども、是れ甚だ誤《あやま》りと謂ふべし、決して不可解なる隱《かく》れたるものにあらず、理法に基《もとづ》いて身體精神を鍛錬すれば何人と雖《いへど》も健全なる發達《はつたつ》を爲すものなり、劍術の上達と否《いな》とは、一に各人努力如何によるなり、劍術指導の計畫《けいかく》は智覺《ちかく》によりて理法を覺り、身體を練磨《れんま》し以て精神的完全なる働《はたら》きをなす、故に不思議の活動《かつどう》にあらず、而して指導の根抵《こんてい》とすべき各個身體生質《かくこしんたいせいしつ》は生理學より區別《くべつ》せば左の四種に分《わか》つべし。

一、神經質　二、膽液質　三、多血質　四、淋巴質

之れなり此の身體《しんたい》には各々頭腦の働き或は性質《せいしつ》を異にして居るは識者《しきしや》の論定なり、劍道《けんだう》の上達するものは何れの質《しつ》を以て捷速《せふそく》と云ふに神經質、膽液質の身體《しんたい》なること實見に見る處なり、此の體質により心理論者《しんりろんしや》の心理的論定は下の如し。

一、多血質――持續する堪忍力《たんにんりよく》なく緻密の頭腦と愼重の態度なし、されど直覺直言にして陰險性《いんけんせい》に反し淡泊磊落の性質《せいしつ》を有す

二、神經質――筋肉弱くして皮膚《ひふ》に力なく感情銳敏にして心悸亢進し駭《おどろ》き易く洒々落々たる能はず

三、膽液質――筋肉發達《きんにくはつたつ》し剛情我慢の性即ち不屈不撓の強《つよ》きもの

四、淋巴質――體質極めて孱弱《せんじやく》質にして意《ゐ》志薄弱《しはくじやく》にして魯鈍の質を有す

以上學者《がくしや》の說ふ處なり即《すなは》ち人は身體によりて性質を異にするものなるが故に之を指導《しどう》するに當り個性的體質を觀察《くわんさつ》し其の性質に適切なる指導を取《と》ることを肝要とす、又修養者自身も自己《じこ》の體質性質を自省して以上揭《かゝ》げたる體質の何れに屬《ぞく》するや自己の精神は何れなりやを定め若《も》し弱《よわ》きものは其の身體を徐々《ちよく》に練り性質も自然改めて行《おこな》ふべし指導法は體質精神を根本《こんぽん》とし鍛錬の計畫を立て而して各自の體質を見《み》て心を判斷《はんだん》するを要とす、左れば其《そ》の長所或は短所を察知《さつち》するを得べし、尙左に指導上必要なる事項《じこう》なれば列記して參考《さんこう》とす。

一、教育の程度

二、修養の深淺

三、境遇の如何

四、心身の强弱

以上内面的の觀察は練習《れんしゆう》を好嫌し又上達《じようたつ》如何の要素となるべき關係あり譬《たと》へば家庭に於ける自惰落の生活及惡習慣《あくしふかん》に浸み込みたる境遇《きようぐう》にあるもの又は心身の弱きものは修業を嫌避《けんひ》する傾向ある如し、去《さ》れど指導適切なるときは自然其の缺陷《けつかん》を補ひ却て惡習慣性のものは自然善良なる性質に感化《かんくわ》するを得《う》べし、而して教材は簡易《かんい》にして了解し易き方法を採り規律の下に配當《はいとう》し其の効果を完ふせんとす、左に種類及配當の大要を述《の》べん。

第一　種類

教授の種類を大別すれば左の三項目とす。

一、教育訓練（精神訓導）

二、國體教授（體力氣力の養成）

三、各個教授（精神及德性の養成）

以上各課目は分解的順序的敎育上尤《もつと》も適當なる方法を以て別つ之れを配當《はいたう》するには學年本位各學期に頒《わか》ち難易輕重を考慮して排列《はいれつ》し其完全を遂げんとす。

第二　配當

敎授配當の順序《じゆんじよ》に付ては先年斯道の大家《たいか》根岸信五郎先生は文部省の講習會に於て左の如く發表《はつぺう》せられたり。

第一期　一年生前半期　團體敎練

條二期　一年生後半期　素面打込

第三期　二年生前半期　實地試合（練習）

第四期　二年生後半期　形の練習

第五期　三四五年生前後期　對抗試合

第一期の敎練《けうれん》は初心の者に竹刀《しなひ》の構、足《あし》の踏樣《ふみやう》等姿勢を規則的に練習せしめて知らず識《し》らずに的確なる運用《うんやう》を自得せしむるを主意《しゆい》とし

第二期に至りては師範《しはん》のみ道具を着けて切返《きりかへ》しを練習せしむるを方針とし、是の切《き》り返《かへ》しは手足

の凝《こ》りを去つて柔軟《じうなん》にする主意
第三期には實地《じつち》試合《しあひ》
第四期に至つては形を修行《しうぎやう》せしむるを順序とし
第一より四迄は規則的の敎へなり
第五に及んで對抗試合《たいかうしあひ》に移《うつ》るの順序なり。云々。

左に列記《れつき》したる配當は先生の主意に相似《あひに》たり。去れど其の順序は多少の相違は免《まぬ》かれざるものとす。

敎授配當

各學年	各學期	敎授課目
第一學年	第一學期	團體敎授（訓練心得及準備法基本動作簡單法）
	第二學期	同上
	第三學期	同上
第二學年	第一學期	同上

第二學期　同　上（對抗演習）基本教練準備及動作

第三學期　同　上（同上）

第三學年

第一學期　同　上

第二學期　同　上

第三學期　各個教練（實地應用訓練）

第四學年

第一學期　同　上

第二學期　同　上

第三學期　同　上

第五學年

第一學期　同　上

第二學期　同　上

第三學期　同　上

第四章　教授の價値

第一節　要領

劍術を敎授するに當り技術の要領《えうりやう》を離れ、或は規律《きりつ》なき敎授は事理一致《ち》せざるものにして、唯だ打ち合ひに流れ、斯底の妙味《めうみ》及精神を修得《しうとく》し難きは勿論なり、故に事理一致に依《よ》り敎授するを可とす、事《じ》とは業にして理とは技術の眞理《しんり》是れなり、而して眞理を解說《かいせつ》するは理論的學理的にして何人にも難解の恐《おそ》れなく、能く其の理《り》を了解せしむるを要とす、而して各學校の敎授は課業《けうじゆ》時間の制限あり、其の制限內に多數《たすう》の生徒に對し敎師各々の生徒に指導《しどう》すること難し、故に生徒に均しく指導するには團體《だんたい》敎授を以て一定の形に嵌《は》めることを得、而して團體敎授は規律的《きりつてき》緻密《ちみつ》に身體各局部の關係及動作を說明し身體動作《しんたいどうさ》を正確に習練し、諸技百法を信得《しんとく》せしむるなり、而して各個敎授は對敵觀念によりて諸技《しよぎ》動作を果斷的に行ひ、其の進步《しんぽ》を計り精神的練習をなさしむ、精神《せいしん》の鍛錬は相對的行動によりて一方の精神氣力《きりよく》を以て、他の一方の氣力を誘導《ゆうどう》し活潑剛毅の氣風及活動と同化せしむるなり、即ち團體敎授は身體を正《たゞ》しく活動するの方法なり、心を純正《じゆんせい》にして得て始めて其の善正なる活動《かつどう》をなすことを得べきなり。

形《かたち》一定せざるものは心の正しき活動を誤り、其の身體の動作は正確ならざるものにして眞の業にあらず、形《かたち》は理によりて作り其形眞理に合《がつ》するは心に在り、故に一定の形に嵌《は》まりて後心の正を得心正しくして一途《つ》の働きをなす、一途の働きによりて形自由《かたちじゆう》に活動を見て之れ心形一致《ち》たり、去ればー定の形《かたち》を離れ、臨機應變《りんきおうへん》に活動を爲すもの心の形に籠《こも》りたるものにして、之れを眞の活動と云ふ、左に教授の練習《れんしふ》の主要及價値の概要《がいえう》を述ぶべし。

一、練習の主要

一、團體教授基本訓練の全動作は心體的練習

二、各個教練基本教練應用動作は精心的練習

基本動作は最初心者《さいしよしんしや》の教授にして其の身體を正確《せいかく》なる形に嵌《はめ》るが如し、故に要領によりて圖解の如き形を練習せしめ、其の身體《からだ》を定め後基本教練によりて漸次《ぜんじ》身體の運動の苦痛に堪《た》ゆ可き氣力精神を振起《しんき》せしむ、此の運動によりて身體局部の凝りを脫却《だつきやく》し圓滿なる活動體とす、各個教練の動作は眞の雷迅火《らうじんか》の如き動作にして精神的《せいしんてき》活動なり、故に最初身體活動は其の強烈《けふれつ》なる心に伴ふべき正確なる體を作るを要《えう》とす、故に練習の主要に從《したが》ひ動作を修得し、趣味的《しゆみてき》に自覺的に工夫積累以て精

神的活動の眞理《しんり》を會得《ゑとく》すべし。

第二節　團體教授の價値

團體の教授《けふじゆ》は一體を排列し相互の刺擊《しげき》なく、何等の苦痛なく、武技《ぶぎ》の理法に從ひ身體を鍛錬するに在り、即ち運動中自己の心理《しんり》に假敵を作り、以て基本《きほん》動作《どうさ》を正確に練習せしむべし、故に此の間尚武の氣象《きしやう》を助長養成し、躬《みづか》ら自發的活動を爲さしめ、四肢《こ》及全體の發育を促《うなが》し。同時に武士的精神の涵養《かんよう》に多大の効果《かうか》を收むるを得べし。

畢境するに此の教授《けふじゆ》なるものは、其性質殆ど先天的尚武《せんてんてきしやうぶ》の性質を含有し其の價値《かち》は精神上に及ぼすこと尠少《きんせう》ならざるもの有つて存するなり、尚其の要旨を擧《あ》ぐれば左の如し。

一、氣合　一號令の下に團體全員の活動となり、其の各員、凝結的精神を養ふ。之れ即ち共同一致の基礎たるなり。

二、假敵　空間に假敵を作り、動作する間下腹に氣息充實し滿身に一種の彈發力を有し其の一振一擊は活潑と爲り、而して其動作熟練に從ひ潑溂たる元氣を養成するものなり。

三、忍耐、動作は活潑勇敢の氣象によりて活動すべきものなれば自然忍耐心を養ふことを得べきものなり。

第三節　各個教授の價値

各個教授は人各々相對《あひたい》して相互間に竹刀を持し、刺撃攻防動作《しげきこうはうどうさ》を交へ其の龍戰虎鬪《りうせんことう》の裡《うち》に身心共に健全氣象勇壯と爲《な》り、自然溫良恭儉讓《おんりやうけふけんじやう》の德を養成し、遂には堅實《けんじつ》なる自信を養成し得るの價値を有す、即ち精神を竹刀《しなひ》の一事に集中して精神を統《とう》一し、進むときは自ら滿身《まんしん》に熱血湧出し敵を倒さずんば止まぬと云ふ勇氣を鼓《こ》し、遂に大なる氣概を養ひ苦難《くなん》を排除し。忍耐自信の力を鞏固《けふこ》にし上達の域に入《い》りては神出鬼沒《しんしゆつきぼつ》の働きを爲すことを得べし、各個教授は一進《しん》一退彼れを倒《たな》さん心は千辛萬苦を冒し、泰然自若《たいぜんじじやく》として進むの勇氣剛健の精神を養成《やうせい》するに在り、乍併團體教授のみにては動もすれば形式に流れ、斯道の要求《えうきう》を誤り、其の活動も死物《しにもの》たるに至る故に團體《だんたい》に於ては百技萬法を習練し氣力を興起《こうき》せしめ、各個教授に於ては實際的に其心膽《しんたん》を練り、勇氣勃然山嶽《さんがく》をも斫り、江河を決する精神を養成すべし、即ち實際的徹底的心《じつさいてきてつていてきしん》の修養は各個教授の價値《かち》とす。

文墨に關《たづさ》はる者の通弊として無爲座食を欲《ほつ》し、身體の勞苦を厭《いと》ひ其の身體を虚弱《きよじやく》とするを意とせざるは甚だ遺憾とす、又智育《ちいく》と體育とは非常に懸隔《けんかく》し居るもの〻如く思推《しゐ》せるもの多きも、決して然らず學科の眞《しん》に入るは身體の强壯《けふさう》にあり、決して體育と智育とは隔離《かくり》せるものにあらず、故に智惠を養ふと同時に體力を練《ね》るべきことは車の兩輪の如し、今日學究者流は兎角《とかく》身體活働の勞を厭ひ軟弱なる思想《しさう》に化し勇壯活潑なる動作を嫌避《きひ》するに至るにあらざるなきか實に慨嘆《がいたん》に堪《たえ》ざるなり、門人某大學生嘗て余に謂て曰く、學科《がくか》の競爭も身體の競爭《けふそう》なり、從來は其優劣の如何《いか》にありて優勝を得と語《かた》れり、眞に然り、今日世界の大勢《たいせい》は身體の競爭なり、既に當局は時勝を觀《み》る處ありて體育の改造に着目され之れを正科《せいか》にせられたり、此の國是の企圖《きと》は步武着實常に時流に先んずべき精神涵養し、人格《じんかく》を修養し品性《ひんせい》を養成せんがためなり、青年にして身を媮安逸樂に腐《くさ》らし可惜意氣を廢頽せしめ、身體を虚弱《きよじやく》にするは半途《はんと》挫折《ざせつ》に甘んずるは誠に謂《いは》れなし、蓋《けだ》し意氣の盛んなるは青年の生命なり、身體の强剛《けふこう》たるや青年活躍の基礎《きそ》なり、須らく文學に志すもの苟《いやしく》も爲すあらんと欲せば一擧鐵脚を砂塵《さじん》に蹴《け》るの勇氣を養ひ或は鑠かすが如き炎熱《えんねつ》に打ち勝つべき筋骨《きんこつ》の鍛錬することを怠るべからず、武道による膽力《たんりよく》の活動は死生の境地に立ちて從容《じうえう》として事を處し、果斷《くわだん》決行國家のため毫も死《し》を顧みざるなり、彼の戰鬪に於ける勇將《ゆうせう》が三軍を叱咤し、從容自若として號令《ごうれい》明嘯作戰計畫を誤らざるは心身練磨《しんしんれんま》によりて得たる膽力の發顯に外ならざるなり、是に於《おい》て雄圖を達成し功名を遂ぐるを得べし。

第五章　教授の方法

第一節　練磨の區別

教授法を別《わか》ち左の二方法とすること前述《ぜんじゆつ》の如し。而して團體教授各個教練の練習法《れんしうはう》を左の如く頒ち、徹底的《てつていてき》に身心を養成するにあり。

一、練習の方法

一、團體教授　一、基本演習　二、對抗演習

二、各個教授　一、教授練習　二、相互練習　三、相互試合

一、基本演習

基本演習とは防具《ばうぐ》を着けず竹刀《しなひ》のみにて動作す、二列横隊より適當《てきたう》に配列し、號令の下に一齊に

基本動作及連續動作《れんぞくどうさ》を演習せしむ。

二、對抗演習

對抗演習は二列横隊《れつおうたい》にて對向せしめ、業の説明《せつめい》に依り動作を實地に會得《ゑとく》せしむるなり、故に各學年を問はず必らず、説明と實地《じつち》の演習に依りて教へ授《さず》くべし。而して此の演習は各人《こじん》動作を矯正し其の技能《ぎのう》の進歩を計るべし、而して演習は左の號令によりて演習《えんしう》せしむるなり。

『集れ』　生徒は二列横隊にて相當の間隔を取り整列す

『前列對向に開け』　前列生六歩前に進み廻れ右を爲し後列生と對す

『禮』『ぬけ刀』『何々始め』

三、教授練習

教師實際に立ちて生徒《せいと》に對し、第二節に述ぶる心得《こころえ》を以て直接に教授し、刺擊《しげき》攻防の動作を正確及應用に熟達《じゆくたつ》せしむるなり、而して教授練習の時日は教師の任意《にんい》とす

四、相互練習

相互練習は各個《かくこ》教練《けふれん》とも云ふ練習の方法を二つに頒《わか》ち、一つは生徒を二列横隊に對向《たいこう》せしめ、一

號令の下に規的練習《きてきれんしう》せしめ、又一つは任意的自働的に各動作を試合的《しあひてき》に演習せしむるにあり、練習の法を左の説明に依《よ》りて實施《じつし》せしむ。

一の場合　（規律練習）

全生徒を小數に別《わか》ち二列横隊に對向せしめ、受《う》け方打ち方を別ち、受け方は刺撃《しげき》を行ふべき個所を呼稱《こせう》し、打ち方は受け方の號令通り正確《せいかく》なる動作に依つて呼稱し練習《れんしう》す、呼稱とは受け方は『何々を打て』『突《つ》け』と號令し、打ち方は其の個所《かしよ》己而を呼稱して刺撃す、呼稱とは面《めん》、甲手《かふて》、胴《どう》、突き、と懸聲するなり。

二の場合　（同　上）

二列横隊に對向《たいこう》せしめ、一回三分間とし初めの號令にて自働的《じどうてき》に練習せしめ、第一回終りたる時は前列の基準駈足《きじゆんかけあし》にて左翼の最端の列となり、其の他の生徒は一齊《せい》に右へ準《じゆん》に寄り、更に二回目の練習に移るなり、斯の如く數回之《すうかいこ》れを行ふ、此の時の休めは躊踞姿勢《ちうきよしせい》にて休養せしむるなり

三の場合　（相互試合）

生徒の技倆の程度《ていど》に依りて任意に相互試合《そうごしあひ》をすることを許し、應用に長《てう》ぜしめ自覺的趣味的快樂

的に練習せしめ、進歩《しんぽ》を計り判斷及作戰計畫等の敵對《てきたい》應用を覺知するに在《あ》り。而して此の相互試合練習には勝負《せうぶ》を決せしめ、其の巧拙《こうせつ》を知らしめ且研究せしむ。

一、勝敗のこと

社會進運の法則は優勝劣敗《ゆうせうれつはい》なり、劍を取り敵對的行動により卑劣《ひれつ》なく正々堂々勝負を決するもの優勝劣敗自ら岐《わか》るなり、彼我練習中勝敗《せうはい》を決するの行動により練磨《れんま》さるゝ剛毅、果斷猛烈《もうれつ》なる精神を養ふ所蓋《けだ》し少なからず。即ち一勝一敗は壯快《そうかい》と趣味とを喚起し、以て工夫《くふう》と努力の心を誘引し、技術の上達《ぜうたつ》せしむるなり、而して勝敗の岐るゝ處苦痛《くつう》を忘れ忍耐强烈となり、其の進行《しんこう》の間不知不識强烈なる練習《れんしう》をなす此の練習には自個の行動の善惡を自覺し、これを矯正《きやうせい》し其善を悟《さと》るなり常に最後五分にて勝《かち》を制することを養《やしな》ふべし。最後に勝つの習慣は他の試合に臨み能く從容《しやうよう》として彼れを制し得べき果敢斷行の精神《せいしん》を養ふなり又一振一擊勝敗によりて一心《しん》を賭《と》する時は自ら精神に連續的潑溂《はつらつ》たる氣象を養成し得べし故に勝負《しようぶ》は技術の進歩精神氣力の養成《ようせい》の一要事たるものと謂ふべしたゞ練習に當《あた》りては其の勝負の一に偏《へん》せず高尚なる精神を忘れ卑劣《ひれつ》の行動又は禮義を失することある可《べ》からず。

第二節　練習試合の心得

練習試合に當《あた》りては左の心得を嚴守し心身を練磨《れんま》すべし。

一、禮の交換は尤《もつと》も丁重に行ひ練習は接近して卑劣《ひれつ》なる打ち方を避け遠間より打ち込《こ》む白兵的の練習をなすべし。

二、間合進退の正確及敵の變形に因り攻撃《こうげき》することに精熟すべし。

三、練習は熱心なるべし而《しか》して基本の各業を應用《おうよう》することを練熟すべし。

四、下級者上級者の區別《くべつ》を明にし下級者は假りにも上級者の上席《じようせき》にて練習することあるべからず。

五、同等《どうとう》の技能の者練習するときは年齢《ねんれい》によりて上席となるべし。

六、上級者は下級者《かきうしや》に強制的練習を行ふべからず。

七、上級者の試合《しあひ》のとき自己の練習を中止して見學《けんがく》すべし。

八、教師又は他所の上級者に對しては必らず稽古《けいこ》を受くべし。

九、他所の人《ひと》と練習する場合《はあひ》は何人を問はず一應席をゆづり挨拶して席《せき》を定め練習すべし。

十、練習は常に熱心と忍耐《にんたい》とに依りてその術に長《ちよう》ずることに心がくべし。
十一、試合に於《おい》ては一切卑劣の行動《こうどう》あるべからず。

第三節　教授の心得

一、規律秩序を厳正《げんせい》にし、禮義を重んぜしむること。
二、専心率直にして熱心《ねつしん》なる同化せしむること。
三、完全なる模範《もはん》を示すこと。
四、模範は精神及身體上より見て遺憾《ゐかん》なきこと。
五、號令は明瞭にして動作に確實《かくじつ》に氣合的なること。
六、直接教授練習は趣味的快樂的に漸次《ぜんじ》誘導すること。
七、各動作はその要領《ようりよう》を分解的に或は具體的に簡潔明瞭に説明し實施《じつし》を懇切に指導すること。
八、矯正は言語動作に依りて親切《しんせつ》なること。
九、身體性質を熟知し各個性癖《かくこせいへき》を矯正し長所を誘導練習せしめ技能の進歩發達に力《つと》むべきこと。

十、練習前竹刀の破損有無を檢査しあるひは動作中弦《つる》に斬撃《ざんげき》するを矯正すべし。

十一、教授《けふじゆ》は學校の程度時間の如何により適宜斟酌《しんしやく》し實際問題の試合または參考となるべきことは便宜敷衍《ふえん》說明せらるべし。

十二、試合は筆記《ひつき》、動作の正否、敵對行動の巧拙型等《こうせつかたなど》によりて採點すべし倦怠勤勉禮節は平素點して試驗點に加《くわ》へるべし。

武道教育は事理一致《ち》にありと雖も現下に於ける試驗の成績《せいせき》なるもの姿勢動作の良否勤勉倦怠等によりて採點《さいてん》すれども是不完全の嫌ひなき能《あた》はず凡そ動作の巧拙は理解力によりて漸次その差異《さゐ》を生ずるものなり、故に試驗成績は唯だ外形《ぐわいけい》の一部を採りて其の良否を決定するは甚《はなは》だ不徹底と謂はざるべからず、今日に於《お》ける武道教育の任に當るものは動作を一律《りつ》に教ゆれどもその動作の何物なるや又敵に對する處置等《しよちとう》に就き生徒に了解し易く說明し且秩序的《かつちつじよてき》に實施せしむるもの少なし、故に生徒の動作は矢鱈《やたら》に時間つぶしの練習するといふ傾向《けいこう》あるを免かれず是れ蓋し動作の一面に偏《へん》してその根元とすべき理解的の教授《けふじゆ》なき故に外ならず眞に武道と教育の目的《もくてき》を達すること難し故に從來の方法を改善し動作形以外に筆記試驗を行ひ知識考慮を採點《さいてん》することは武道教育の徹底《てつてい》上緊要なりと思考す、筆記試驗は本書を閲讀《えつどく》せしめ智識を養《やしな》ひ各章中より適宜問題を課し答案を提出《ていしつ》せしむべく又本書により理解力《りかいりよく》を養成し實習と實際と一致することを努《つと》むるにおいては各自に工夫趣味を以て練習し言《ゐ》はずして其の教育の目的を貫徹《くわんてつ》することを得べし、由來武道の練磨は直《たゞ》ちに膽力精神の活動の如く説明すれど畢竟《ひつきよう》頭腦の働き如何によりて之れを修得し得べきなり、殊に中等學生の其の幼《えう》稚《ち》なる者に對し、直ちに精神的方面を説くは是れ荒唐無《こうとうむ》稽《けい》のことに屬す。智識的方面に各業即ち自己の爲すべきことを求め頭腦《づのう》の働きを健全にして然して後始めて動作の巧妙《こうみよう》を期し得べく又動作巧妙の域に上達せば一段精神的方面の養成に力むべし、常に頭腦と業《わざ》とは生理上離るべからざる密接の關係あるものにして、從來の如く一般的の動作のみを練習して、直に其眞精神の悟得《さとく》を望むは聊か早計の感なき能《あた》はず、故に試合以外更に智識思想の方面に於て試驗を行ふは必要且つ緊切《きんせつ》なりと謂ふべし。

第六章　練習上の心得及準備

第一節　要　領

練習に於て技能《ぎのう》の發揮は生徒自身の心掛けと自覺によること既に述べたり、尚常に心に銘刻《めいこく》し武道本來の精神を徹底し以て技能の達成を期すべき心得を列記《れつき》し練習と目的を達せんとす。

第三節 生徒の心得

一、敎師に對し禮を篤くし指揮《しき》に從ふべし

二、道場の入口にて帽子外套《ぐわいとう》を脱し靜に場內に入るべし（雨天體操場と雖も練習する場合は道場の觀念あるべし）

三、敎師には勿論相互間に言葉を丁寧《ていねい》にし動作を靜肅《せいしゆく》にすべし。

四、形裝《けいさう》を正しく胸を擴《ひろ》げ股《しゝ》を露出し卑しき扮裝《ふんそう》をなさざるべし。

五、練習時間中は尤も激動して心臟の鼓動《どう》昂《たか》むるが故に練習後は正座にて體を安靜《あんせい》にすべし。

六、竹刀《しない》は丁寧《ていねい》に取り扱ひ又防具等乱雜ならしめざるべからず。

七、道具は正座して之れを着け決して直立《ちよくりつ》して是を着けるべからず。

八、道具は始業五分間前に身體に垂胴《たるどう》を着け、甲手、面、竹刀を整頓《せいとん》して始業時間を待つべし。

九、竹刀は鍔《つは》を正確に嵌《は》めたるものを使用し練習中上に抜《ぬ》ける樣のものを使用すべからず。

十、竹刀道具は稽古《けいこ》終了後其の破損《はそん》の有無を調べ、且つ一定の場所に整理すべし。

十一、規律《きりつ》を正しくするは勿論、常に左の各項を遵守《じゆんしゆ》すべし。

一、他人を中傷讒誣《ざんぶ》し或は輕蔑《けいべつ》し又は他人の秘事を摘發《てきはつ》すること勿れ。

二、私事の爲め喧嘩口論をなし或は卑劣《ひれつ》なる行動をなすべからず。

三、知行合一俯仰《ふぎやう》天地に恥ぢざる精神を養ひ壯快《さうくわい》なる練習をなすべし。

四、教師の教へを守り規律《きりつ》正しく上下の分を誤る勿れ、

五、神殿《しんでん》に禮を行ひ敬神尊王の觀念を涵養《かんやう》することを忘るべからず。

十二、道場内を疾走《しつそう》し、竹刀を弄し、喧噪《けんそう》に渉るが如き事あるべからず。

十三、衛生を重じ左の各項を守るべし。

一、防具《ばうぐ》は毎土曜日若くは日曜日に天日に乾燥《かんそう》すべし。

二、稽古着は時々洗濯《せんたく》すべし。

三、手足の爪《つめ》は時々切り取り清潔《せいけつ》にすべし。

四、手拭は必らず一本所持すべし。

五、練習三十分前後に食物《しよくもつ》を又練習時に水を飲む可からず、食物は三十分を經過《けいくわ》したる後に取るべし。
六、練習後正座し休養安息《あんそく》すべし。
七、練習後は脫衣《だつい》し汗《あせ》をふき取るべし。
八、大酒、健啖《けんたん》、不眠其他精神修養の害となるべき享樂《きようらく》の行爲は之れを愼むべし。
九、練習後目暈《めまひ》する時は打臥《うつぶ》して休養すべし。

第三節　應急治療法

一、後頭部を打ちたる時
腦震盪《のうしんとう》を起したる時は頭部を少しく低くし下腹部を溫包《おんぽう》し、上腹部などに芥子《からし》泥をはる又興奮劑として葡萄酒、ブランデーを飮ますも可。

安靜にすること最も必要なり、重症《じゆうせう》の時は早速醫師の診斷《しんだん》を乞ふべし。
二、胸部《きようぶ》を打ちて氣絕《きぜつ》せる時
頭部を低くして安臥《あんくわ》せしめ、血壓沈降のために來る腦貧血《のうひんけつ》を去り呼吸不正なる時は人工呼吸法を行ふ、兼ねて興奮劑として葡萄酒《ぶどうしゆ》ブランデーを飲まするも可。

三、手足に豆及び切傷を負ひたる時

豆を作し時は消毒《せうどく》せる針などで內容を出し『ヨードチンク』を瘡《きず》中に入るべし一夜安靜にすれば治り疼痛《とうつう》去るべし。傷面の治癒《ちゆ》せざる間は淸潔なる布には繃帶《ほうたい》すべし。

切傷も同樣にして、『ヨードチンク』塗布《とふ》にて治癒すべし。

いづれにせよ、菌傳染《きんでんせん》を防ぎ化膿《くわのう》せぬ樣に注意すれば早速治癒《ちゆ》すべし。

四、咽喉の痛む時

加答兒《かたる》をおこせるもの故、硼酸《ほうさん》水又は鹽剝《えんぽく》水にて含嗽《うがい》するをよしとす、これらの藥品なき時は微溫湯、食鹽水の含嗽《うがい》にても可なり兼ねて咽喉に溫濕布をなすべし、治癒《ちゆ》するまで大聲を發すること、寒氣にふるゝことを愼しむべし。

五、耳鼓膜《こまく》を破りたる時

外耳《ぐわいじ》の傷瘡は一般切傷と同樣なれ共、鼓膜《こまく》を破れる時は脫脂綿《だつしめん》を耳に入れ身體を安靜にするも可なり醫師の治療《ちりよう》を俟《ま》つを最良とす。

六、肘《ひぢ》の腫て中に水のたまれる時
二度目の損傷《そんしやう》をさけ局所に冰庵法《ひようあんほう》をなすべしされど放置するも一週間位にて治癒《ちゆ》すべし。
七、胸悪しく、顔青ざめ、目くらみたる時（脳振盪《のうしんとう》）
輕度の腦貧血《のうひんけつ》なれば頭部を少し底くして安臥《めんぐわ》し、興奮劑を與へて放置すれば治癒すべし。
八、肩の凝る時
按摩《あんま》を最もよしとす、上肢《じやうし》の運動をさけて休養すべし。
九、手足を打ち激痛ある時
簡單なるものは放置すれば治癒《ちゆ》すれ共疼痛《とうつう》去らざるものは皮下の筋、神經の損傷及び骨折《こつせつ》を考へざるべからず、この時は醫師の診斷治療《しんだんちりよう》を俟つのみ。
十、腦貧血を起せる時
頭部を底くして安臥《あんぐわ》せしめ、顔面及胸部に冷水を注ぎ羽毛《はけ》などにて、鼻粘膜《びねんまく》を刺戟《しげき》すべし。
酒類、コーヒー茶を内服せしむ
患者には急卒《きうそつ》なる起立を戒しめること常習者《ぜうしうしや》には營養品を與へ、補血劑又は強壯劑《きやうそうざい》を與ふべし。

第四節　道場及道具の設備

一、道場の設備　教授は神聖嚴正《しんせいげんしゆく》なる精神の下に教授するものなるが故に道場たる形式《けいしき》を要す、道場たる形式によりて自ら規律的精神的觀念を換起《くわんき》せしむるにあり、蓋《けだ》し精神養成する道場たる形式は緊切なりとす。

二、道具の設備生徒一人に對して一具を設備するを要とす。

三、袴稽古着《はかまけいこぎ》竹刀の設備　生徒各々一人づゝ所持《しよじ》するを要とす。

第三節　禮　法

第一　正　座

正座は兩足先の拇指《ぼし》を揃へ、兩手を膝に置き脊を伸《のば》し息を下腹に調へたる姿勢《しせい》なり、此姿勢は威儀自ら嚴正《げんせい》とし心安靜にし、實に散亂《さんらい》したる氣を心の一途《と》に集め以て精心を統一す、即ち心身を靜思し、此れよりの行動誤《こうどうあやま》りなからしむるなり、即ち正座は心身修養の骨子《こつし》にして練習上の基礎體形とす。

第二　安　座

體を崩《くず》すものは自ら心亂るゝは身心相關の原則《げんそく》なり、劍道の練習は緊張《きんてう》の態度によりて爲すべきものなれば安座は疾病《しつびやう》又は止を得ざる事故《じこ》ある者に限り之を許し安靜《こんせら》にせしむべし。而して安座は正座姿勢《しせい》の兩足の前に整然《せいぜん》に組み合せ其他上體は正座《せいざ》の要領によりて正確とする座體《ざたい》なりとす、安座は規律《きりつ》を亂し易きものなれば規律を崩さざる範圍《はんい》に於て之を許《ゆる》すべし

第三　座　禮

正座となり圖《づ》の如く兩手を着き頭を下《さ》げたる姿勢なり禮を以て始め禮《れい》を以て終る訓練なれば常に練習《れんしう》の始終、道場《どうぜう》に出入の時敎師に對して行ひ又は相互《そうご》此の座禮により行ふものとす。

禮體

第四　着裝の順序

道具を身體《しんたい》に着けるには正座の骨子《こつし》として左の順序に依《よ》りてすべし。

一、道　具

稽古《けいこ》着《ぎ》袴のみは直立して穿《うが》ち、其他の防具は正座して着用すべし、而して防具《ぼうぐ》着裝は、（一）垂（二）胴（三）面（四甲手）の順序とす。

着裝の内稽古袴《けいこはかた》垂胴は始業時間五分前に着用して始業《しぎよう》の時間を待つべし、始業時間は教師《けうし》人員を一列若しくは二列とし點呼《てんこ》し、始業の禮を行ひ、生從はその列の儘《まゝ》一齊《せい》に自己の席に着き其の規律確正の元《もと》に正座にて面甲手《めんかうて》を着用すべし。

第五　面の冠り方

面を冠《かむ》り紐の耳に當る時は鼓膜《こまく》を破る恐れあり、故に左の二様に別ち面《めん》を冠るものとす、二圖の如し。

一圖の記明

一圖の面紐《めんひも》は面金の下より五本目に施《ほどこ》しあるものなれば、その紐を取《と》り後頭部に廻《なわ》し紐を定め後

一圖

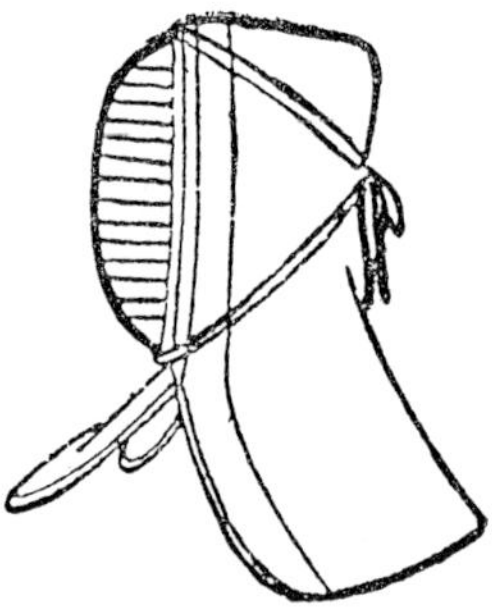

二圖

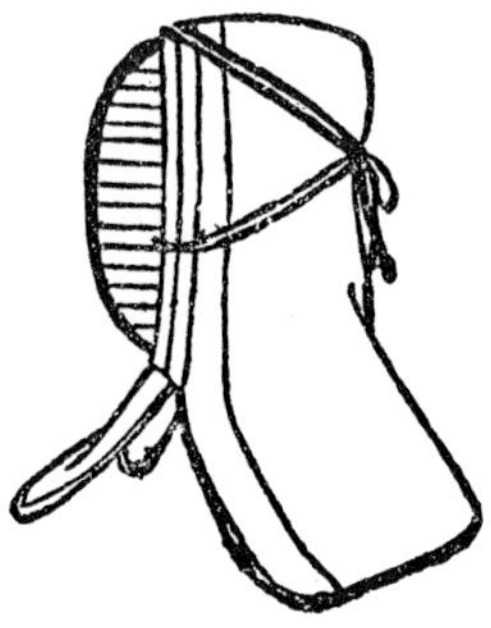

上に取り、更に定《さだ》めたる後に廻してその處にて結《むす》ぶなり、この結び方は紐を顎《あご》に掛けざるなり、紐を結びたる後は式右の薄團《ふとん》を上に卷く耳より少し離し壓迫《あつはく》せられざる樣にすべし。

二圖の說明

二圖の面紐《めんひも》は面金上に紐あるものなれば、雙方《そうほう》の紐を取り後に廻し後頭部に當て耳上に紐を外し顎下の金に取り、更に後へ紐《ひも》を廻し上の金に取り、直ちに後へ廻《まわ》して正確に紐を結《むす》ぶなり。以下第一圖に同じ。

冠り方の注意

以上の如く冠《かむ》るは面紐一筋の如く正しくし、耳の穴《あな》の上に紐を當てざるを要《えう》とす、而して冠り方は各人に異るものあれど、教育《けういく》には何れに依るも一定《てい》なるを要す。

第六　胴の附け方

胴の附《つ》け方は胴の紐を圖の如く胸の輪《わ》に左右の上紐を背に廻し、十文字《もんじ》形《かた》とし結び附けるなり、而して下紐《したひも》は後にて相方結び合すべし。

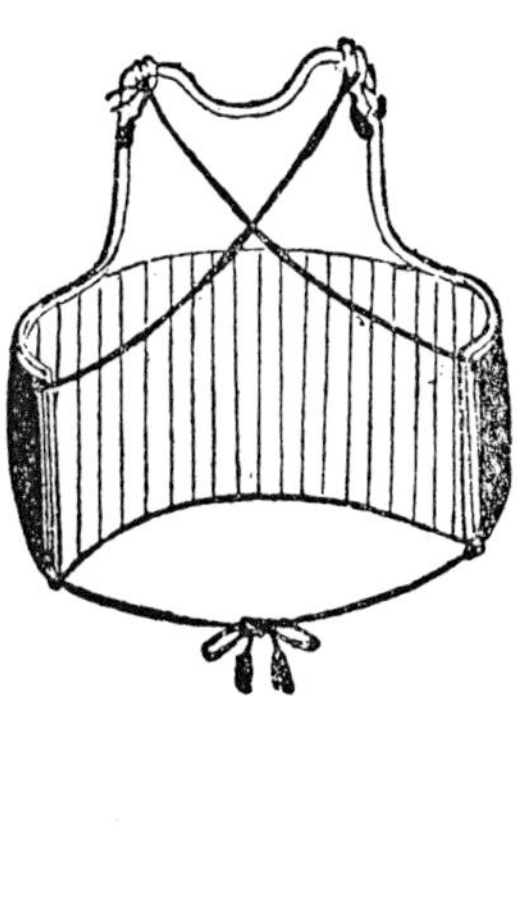

第七　面冠りの不正確

面の冠り方不確實《ぶかくじつ》なる圖の如きはその形裝見苦しく且紐《かつひも》の結び不完全なれば時々《とき〱》之れを結び換へ

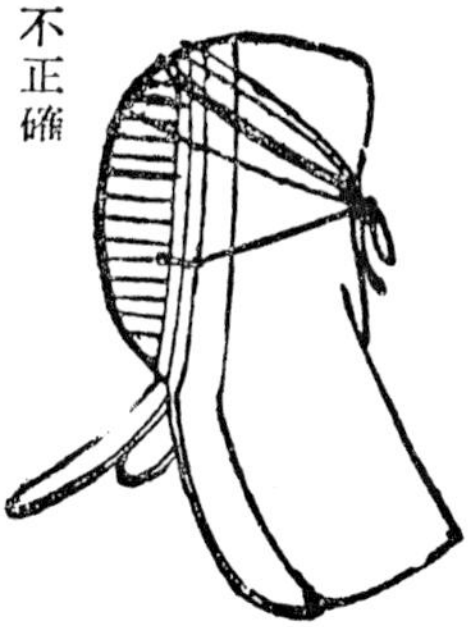

第一圖の不正確

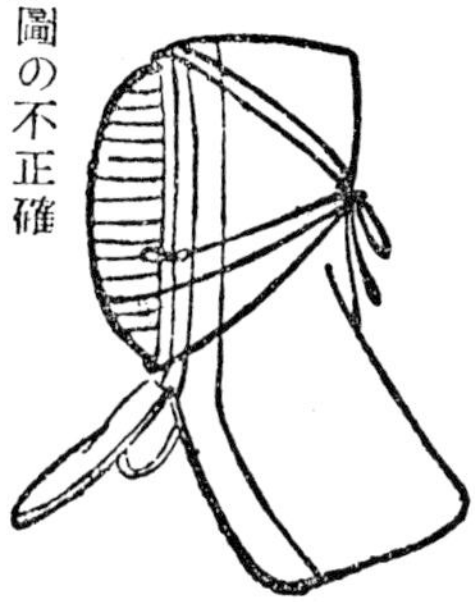

第二圖の不正確

るが如きは缺禮《けつれい》なり。且危險《きけん》なり、故に前述したるが如く正確に冠《かむ》ることに留意すべし。

第一節　防具の整理

防具とは胴垂面《どうたれめん》甲手を謂ふ是れを整理《せいり》するは胴に垂を第一圖《づ》の如く當て垂《たれ》の紐の兩端を胴《どう》の端に結び付け胴の長き紐《ひも》は垂の上に十字形とし、胴裏に廻《たわ》し垂の崩れざるやう結ぶ下の短《みじか》き紐は垂の上に結《むす》び、胴と垂《たれ》とを一つに仕末《しまつ》す。更に面紐は面《めん》金の下より中に通し第二圖の如くその紐《ひも》に甲手を通し、その紐を上の金に拔《ぬ》き通して仕末《しまつ》す以上仕末したる二つを三圖の如く全部《ぜんぶ》結合し整頓す、整理したる道具は一定の場所に掛け置くべし。

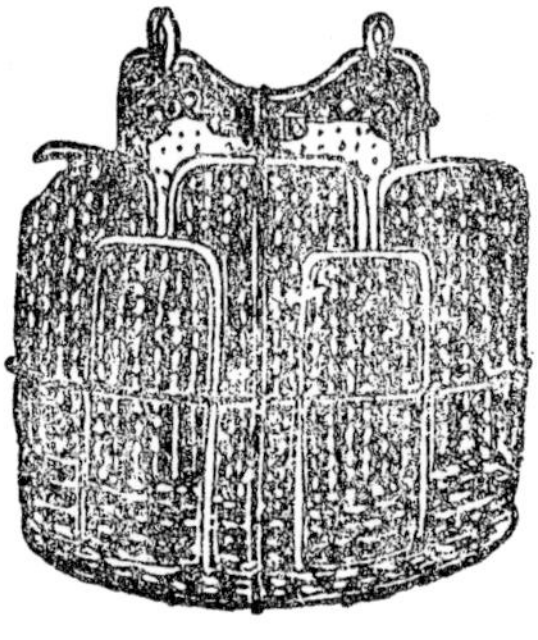

第一圖　胴垂の仕掛方

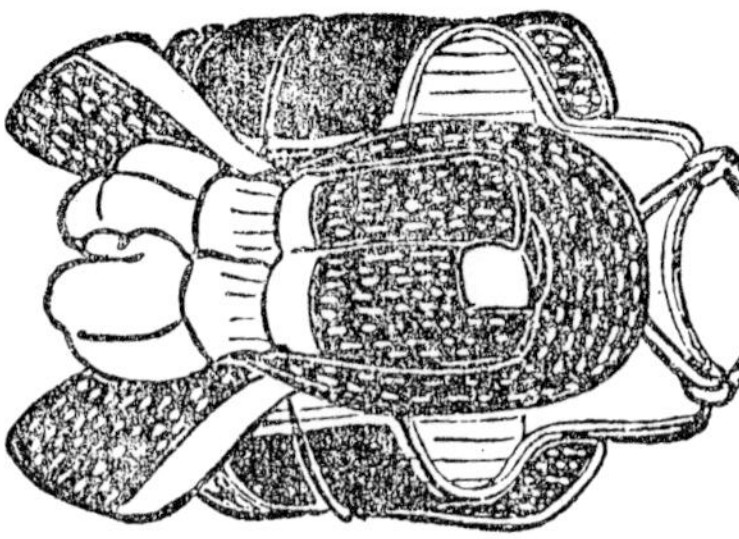

第三圖

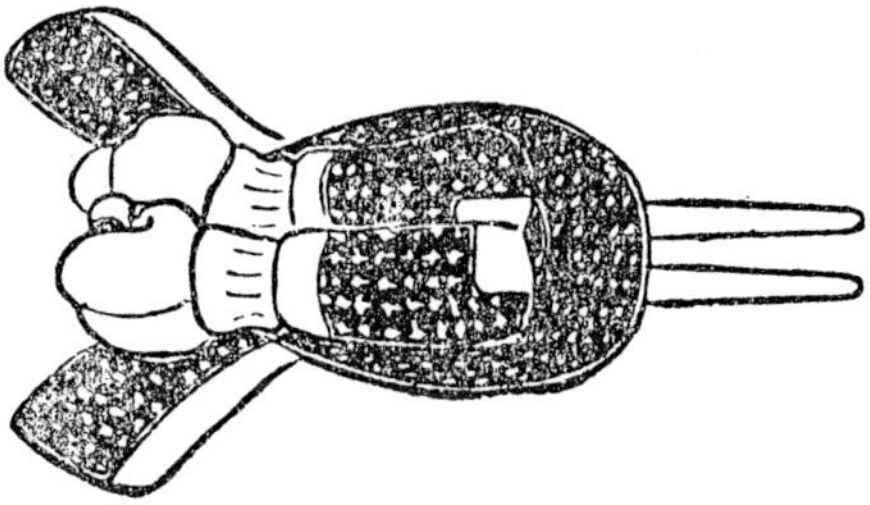

第二圖の二

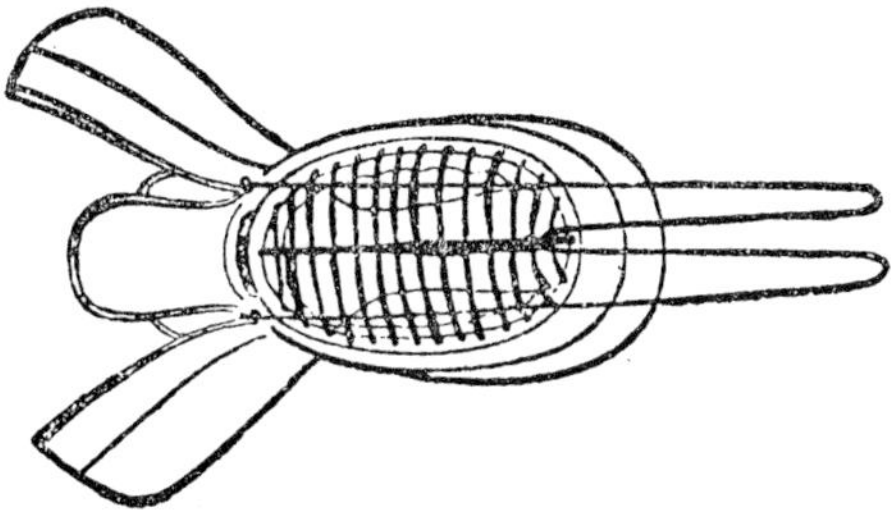

第二圖の一

第七節　竹刀の取扱

第一要領

竹刀は我國《わがくに》數千年來傳へられたる三種の神器《しんき》中の御劍を象りたるものにして、實に御神劍《ごしんけん》の假體なり。而して御劍の不言《ふげん》の內の教訓は曰く剛勇、曰く潔白《けつはく》、曰く正義、曰く廉恥《れんち》、曰く忠義是れなり。故に刀を把《と》るものその精神に同化《どうくわ》すへし。而して形體とすへき刀は禮義《れいぎ》の觀念を以て之を取扱ふべし。左に取扱ひ及使用《しよう》の方法を說明《せつめい》すべし。

第二　竹刀の撰定

竹刀を使用《しよう》するに當りては竹刀は如何《いか》なるものなるや了解し記憶《きおく》して使用すべし。

一、眞劍と竹刀の對比

眞劍	竹刀	用法
刀	竹刀	竹刀以外を附屬品と云ひ、之を合せて總名竹刀と云ふ
刄	絃なき方	切る所
平	刀復の左右	防拂の個所
尖先	先皮	突き或は征する所
峯	絃ある方	斬擊せざる所

刀　身　先皮より顎元迄　刃と同じ

柄　皮　手の握る所

鍔　拳防ぎ

物打中結の處　斬撃する所

二、各人適切の長寸

竹刀を使用《しよう》するには用法によりて使用すべし、即ち用法は眞劍の觀念《かんねん》と一致するものなり、峯或は平を以て斬撃《ざんげき》するは精神鍛錬の意に犯《おか》するものなり、故に用法を以て、其の精神《せいしん》を忘却すべからず、又練習者にして、鍔の穴、柄皮より大きく、柄皮《つかがわ》より上に外れ、或は穴《あな》小さく中途にあるものを使用《しよう》するものあり、甚《はなは》だ見苦し、故に鍔は柄皮《つかがわ》の定むる處に、固《かた》くはめ、動《うご》かざることにすべし、而して竹刀《しなひ》の寸長重量は年齢《ねんれい》體力等によりて撰定《せんてい》して使

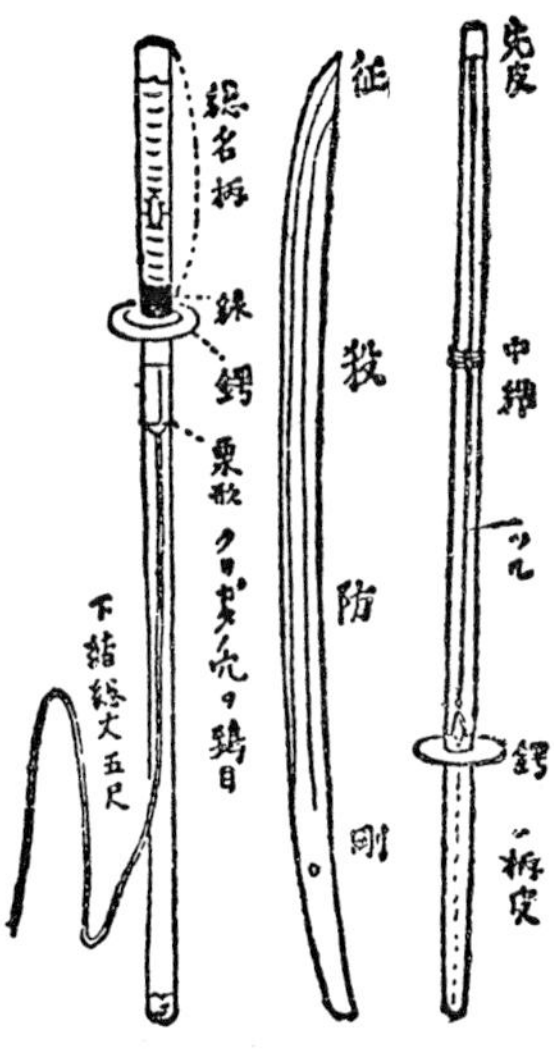

用するものとす、左表の如く選定《せんてい》して使用せしむ、寸長に對《たい》しては竹刀製作上各人の身長《しんてう》を適宜選定することを得《そ》ず、甚だ遺憾《ゐかん》とする所なり、然《しか》れども長短を選ぶは練習者によりて使用《しよう》することを得、而して竹刀の長短《てうたん》の必要は、昔より種々《しゆく》なる說あり、然れども玆に說《と》くものは、各人身長及術の行動《かうどう》を基として實際的なるものを選《えら》びたるものなり。

眼の視線を敵の眼に合致するは敵の形狀を視る爲めなり故に刀尖圖の如く共の視線の右側に刀尖を著けて構へるを原則なりとす

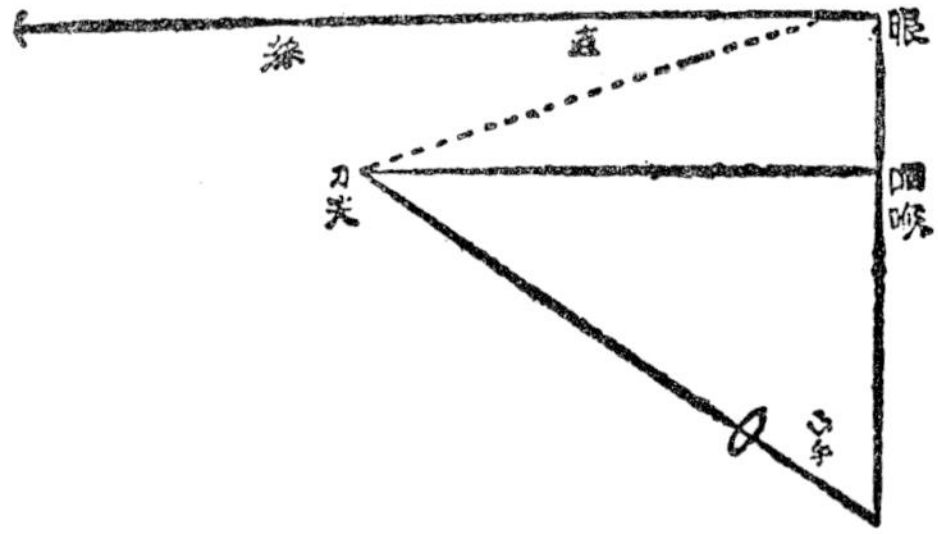

竹刀は圖《づ》の如く右眼に着《つ》けるは視線《しせん》一直線を外るゝなり。而《しか》して右眼、兩手、刀尖の間《あひだ》各一線を畫《ゑが》けば三角形をなす、三角形《かくけい》は眼より、刀尖の間、兩手《りやうて》より刀尖の間、同一の距離《きより》なり、故に眼《め》の視力《しりよく》と竹刀の活動《かつどう》と一致するなり、即ち眼の働きと竹刀《しなひ》の働きを正確《せいかく》にして敵に對し誤りなき活動《かつどう》をなす、又三角形に構《かま》へたる刀尖は氣力體力《たいりよく》の傾注したる力を有する所なれば、

敵の咽喉《いんこう》より腹部に刀尖活動せば、即ち我が優勢《いうせい》なる、氣力體力を以て敵《てき》に對することを得べし、之の三角形の正確《せいかく》を得て、全體を强固《けふこ》となすものは即ち身長《しんてい》を基とし竹刀《しなひ》の寸長を選《えら》ばざるべからず、人自然の活動《かつどう》に適合せんには竹刀の寸長如何にあり、而して竹刀の寸長を定ぬるに各人の胸部迄《きやうぶまで》の長さを使用せば正確《せいかく》をる三角形をなす、手の握りは後節《ごせつ》に說く如く柄は腕《うで》の長さと規定し、肘《ひじ》の關節を自然の屈縮《くつしゆく》せしめすとす、腕の長さの柄は構《かた》へたる右手に當《あ》てれば右の圖の如く肘關節に稍や屈縮《くつしゆく》して弓張形狀となるなり、是れ兩手活動の自然に副《そ》ふべき長と謂《い》ふべし。

寸長は柄の二倍餘《はいよ》のものにして下圖の如く全長《ぜんちやう》を定む、全長は水月より以下のものとす、此の全長にして人自然の活動に尤《もつと》も適《でき》したるものなれば操縦自在たらしむるなり。

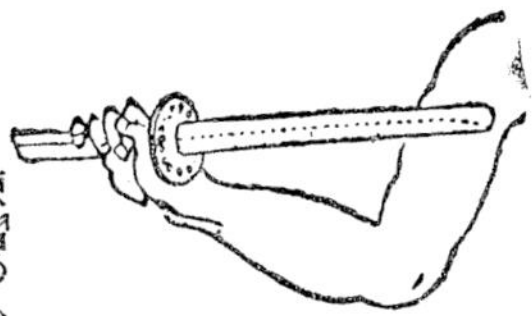

柄の長さは腕《うで》の附根と第一關節當て圖の如き全手弓張形狀となすものを自然《しぜん》の長徑とす、之れより長き柄は右手伸張し腕の力を減殺《げんさつ》し又短かき柄は屈曲《くつきよく》著しく活動不確實《ふかくじつ》となす、尚左の圖解によりて長寸を定むべし。

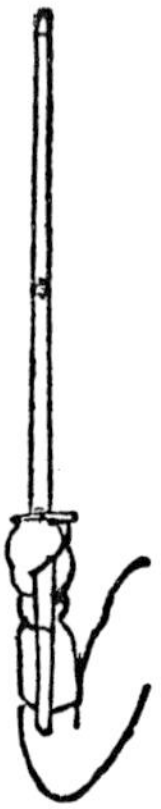

柄の鍔下《つばもと》を右手に握り、肘頭の上と柄元《えもと》が圖の如く水平としたる長さのもの兩手《りようて》動作するに最良とす、此の長さは左手を握《にぎ》り其の握り拳と、右手の肘と合《がつ》し、平均の力を以て竹刀《しなひ》を働かすことを得、故に各自適度の寸長とす。

第三　選定表（竹刀の長寸及重量表）

左の表の身長及重量《じうりよう》は全國小學兒童の平均謫杏《へいきんてき》と、文部省の中學師範の調査したる平均表なり、故にその身長と重量を標準《へうじゆん》として、又技能進歩に伴ひ適宜《てきぎ》なる寸長及重量を定む、而して年齡により身長の長短《てうたん》あり、又體量の重輕あれば各《かく》寸長及重量を標準として使用《しよう》するも可なり。

年齡	身長	體重	竹刀寸長（最下の使用定寸）	竹刀重量

歳	尺寸分	貫	尺分	匁
七	三、五二	四、六七〇	二、七〇	六〇
八	三、六七	五、一二〇	二、七〇	七〇
九	三、八二	五、六〇〇	三、〇〇	七〇
十	三、九七	六、一一〇	三、〇〇	七五
十一	四、一一	六、六一〇	三、二〇	七五
十二	四、二〇	七、二三〇	三、二〇	九〇
十三	四、四〇	七、八九〇	三、二〇	九〇
十四	四、五六	八、七二〇	同上	一〇〇
十五	四、六九	九、六〇〇	三、五〇	一一五
十六	四、八〇	〇、三七〇	同上	一一五
中學制師範				
十七	五、一九	一三、三三〇	三、六〇	一二〇

十八	五、二六	一三、九七〇	三、七〇又は三、八〇	一二〇
十九	五、二八	一四、二九〇	三、八〇	一二〇
二十	五、三〇	一四、五六〇	同	一二〇
二十一	五、二九	一四、六七〇	同	一二五
二十二	五、三四	一四、七七〇	同	同
二十三	五、三三	一四、八五〇	同	同
二十四	五、三二	一四、七五〇	同	一三〇
二十五	五、三一	一四、三七〇	同	一三〇

四、防具の名稱及重量

上等皮道具一貫三十匁以上

普通皮道具九百二十匁以上

並竹胴道具七百三十匁以上

小供用竹胴道具六百八十匁內外

面は兩側のふとん肩に當てざるもの耳の當る所を防ぐべきもの薄團の厚きもの

面

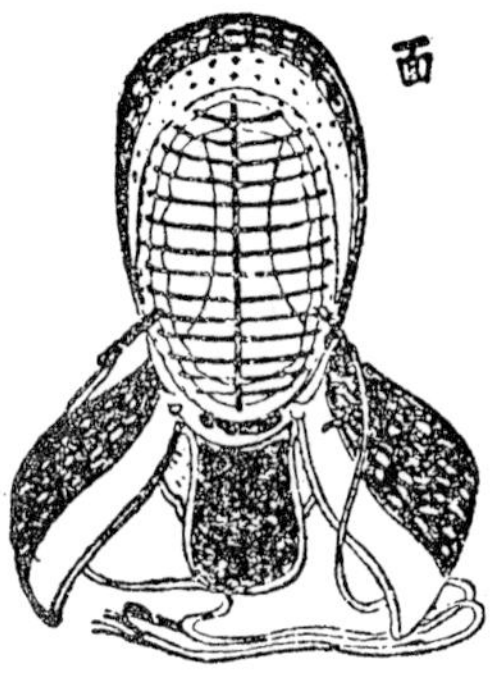

脇下に當らざるもの胸隔に相當するもの

胴

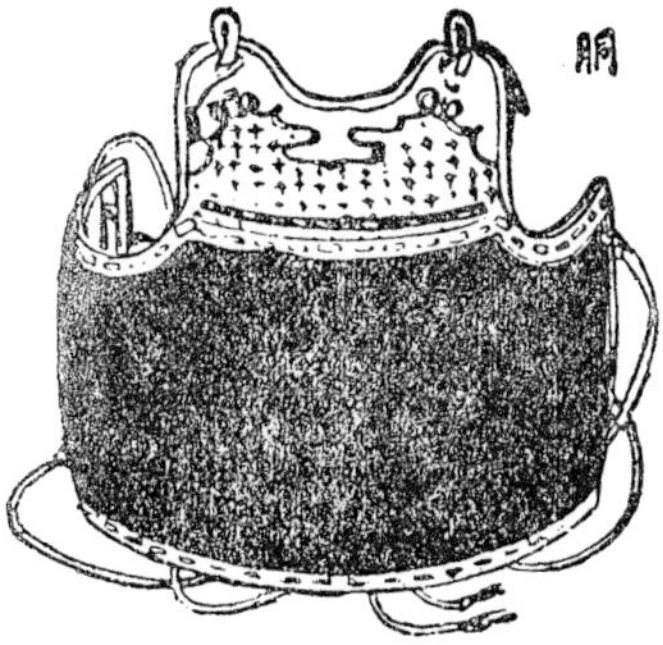

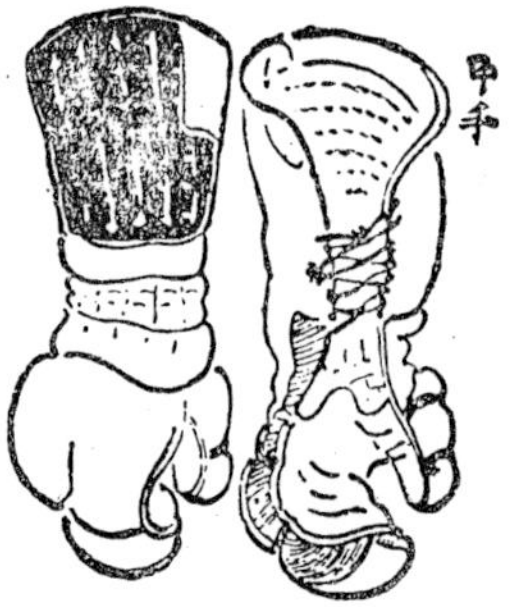

手の内自由なるもの

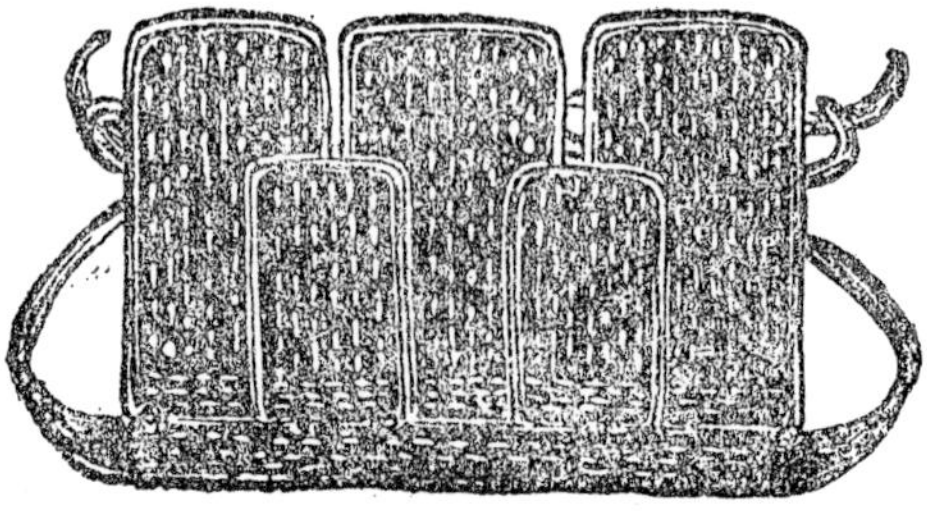

腹紐を廣く下腹を固く結ぶもの道具不完全のものは咽喉を直接竹刀にて突かれ又、耳の鼓膜を破る其他、刺戟に堪へざるなり

第八節　竹刀の輕重

竹刀の輕重《けいじう》は尤も身體の活動上に關係《かんたい》あるものなれば、左の心得《こゝろえ》を以て之れを使用し、輕重も其身體によりて選定すべし、しかして目方は技術の熟成《じゆくせい》したる人は目方百二三十匁内外の竹刀《しなひ》を使用することを得れど、其他の者は各自の體力身長により目方及寸長の定めたるものを用ふべし、しかして定《さだ》めたるものは、操縱《そうじう》の自在及身體の働きを容易にするなり、元來《ぐわんらい》斬擊其他の技術は、間一髮に行ひ敵をして暈眩せしむる、働きを主とするものなれば、定量を用ひざれば要實を完ふるすることと能はず、左に輕重を比較してその利害を述ぶべし。

第一　重きもの

動作を鈍《にぶ》くし全身に無理不相應なる力を用ゆ敏捷《びんせう》敢果の活動を失ふに至る。

第二　輕きもの

動作の間身體の緩急《かんきう》をとり、變化應機の活動の際身體順調《じゆてう》にして働き易く絕へず心氣轉換《てんかん》して滿身の氣合を缺《か》かず、身體に耐久力《たいきうりよく》を保持し、以て敵の體力氣力に打勝つを得《う》べし、余の輕きものといふは苧藁《をがら》の如き輕きものにあらず、各年齢體量《たいりよう》により適切なる重量及寸長の謂なり。

第三　兩端の力

竹刀の柄元の力は刀尖《たうせん》の力と同一の力を有す、譬《たと》へば柄を打てば刀尖の力となり、刀尖を打てば柄元に力與《ちからあた》へるなり、打ち込む柄元の力は、刀少に籠り打ち込《こ》みて其の刀尖反對《はんたい》の力によりて柄元の力に復し更に操縱自由となるべし、左に參考として常山蛇の事を記す。

常山蛇の事

彼蛇首尾相應迅速故以卒然目之人擊其首則尾至掉之擊其尾則首至噬之擊其中復則首尾倶至救之竟不可捕也。（孫子九地篇）

之を竹刀を擊《う》つに譬へば其刀尖を擊てば、則ち刀覇《たうは》浮《うか》び其刀覇を打てば則ち刀尖浮ぶ其中腹を擊てば則ち刀尖刀覇《たうは》倶に浮ぶ個中の理を悟得《ごとく》して雷光石火の裏應用無碍自在なるを得ば則ち庶幾からんか

柄元の力は刀尖《たうせん》の力となり、刀尖の力は柄元《つかもと》に力を與へるなり、故に全長の重《おも》みは先に七分柄を三分として左手を固く絞《し》め、右手に操縱すべし。竹刀と兩手の調子《ちようし》により刀尖に力を與《あた》へ且刀尖の

力と柄元の力との調和《ちようわ》を計るなり、若し構へたる左手に力なく右手のみに力ある、時は敵《てき》より竹刀の尖を打《う》たれたる時は刀尖に力あつまり、握《にぎ》る手より竹刀離《はな》るゝなり、尙左の各項を格守《かくしゆ》し左手を主として竹刀を握るべし。

一、手の握り定まりしものは刀尖重きを使ふべし。

二、手の握り定まらざるものは刀尖の輕きを使ふべし。

三、柄太き長きは手の力各々偏寄て兩手一致を缺くなり。

四、柄細く短かきは刀尖の力强けれど兩手力早く勞れを生ずるなり。

以上の結果《けつくわ》を生ず故に柄は自己の手の指の手の掌《ひら》に著けざる太さのものを適度《てきど》とす、長寸は前述したる規定のものを選定すべし。

第七章　基本教授簡單なる法

第一節　敬　　禮

廉恥と禮儀を重《おも》ずるは武道の本領《ほんりよう》なり、故に作法を實踐し賤劣《せんれつ》なる行爲あるべからず、而して練習及試合の始終《ししふ》には尊嚴なる精神を以て禮《れい》に依りて行ふべし。

第二節　提刀姿勢

練習は規律《きりつ》に依りて之を行ふ故に其の始終は提刀姿勢にて姿勢を正しくすべし、姿勢は竹刀の刃を上にし絃ある方を下にす、左手にて鍔下を握り其の握りを左腰帶に當て刀を圖《ず》の如く四十五度の傾斜《けいしや》とす、右手は自然垂直とし兩足は四十度に開《ひら》き上體は腹を張り眞直に正確にす。

第三節　提刀禮

提刀姿勢《しせい》より頭を輕く前に下げ眼は禮《れい》を爲すべき所を凝視し默禮《もくれい》す、而して禮は神殿に對して行ふ時は其の爲すべき所に眼《め》を注《そゝ》ぎ默禮し相互相對向したる時は六尺餘の距離を取り敵と眼を凝視して默禮をなすべきものとす。

第四節　三　節　禮

武道の禮は三節の禮《れい》を本とす、練習及試合の實施《じつし》は禮によりて行ふべし。

一、神殿に對するの禮

二、師に對するの禮

三、相互の禮

神殿に對するの禮は敬神《けいしん》の思想を涵養《かんやう》するものにして、即ち尊王觀念を養ふなり。師に對《たい》するの禮は親に對するの禮にして孝養《こうよう》觀念を養ふなり、常に此の觀念を養ふは忠孝の心念を養《やしな》ひ發しては誠忠となり、或は孝悌となるなり、相互《そうご》は兄弟に對するの禮にして信義觀念《しんぎくわんねん》を養ふものにして、即ち信義交友を意味《いみ》す、禮によりて養ふの勇は廉恥《れんち》を重んじ輕擧妄動《もうどう》にあらず彼の發しては萬朶の櫻

となり凝《こ》つては百練の鐵となるは禮《れい》によりて養はれたる氣象の權化《さんげ》に外ならざるなり、又單に體力あるを强と云ひ心の動かざるを勇《ゆう》と云ふ眞勇は即ち心に在《あ》つて存するなり。

第五節　練習禮法

練習教師又は上級者に對《たい》する時は提刀姿勢《しせい》にて神殿八歩前に出で禮す。神殿《しんでん》に對して行ひ更に教師の前六歩の距離《きより》に進み禮を行ふ、相互の時は互に神殿禮終《しんでんれいをは》りたる後六歩の距離にて對向し禮を行ふ、禮を終りたる其時の位置《いち》にて刀を拔きつゝ蹲踞し刀を兩手に確實《かくじつ》に握り上體を起す。此の時刀尖を自個の眼《め》の水平にすべし、而して此の時の刀尖《たうせん》を板の間に着けざることに注意《ちうい》すべし、稽古終りたる時は構へより、右足を左足に揃《そろ》へ蹲踞姿勢《しせい》となり、刀を納め其《そ》の場にて立ち提刀姿勢にて禮を行ひ更に三歩下り神殿に禮を行ひて復席す。

第六節　試合禮法

試合禮法《れいはう》は相互禮に依りて行ふべし。禮は規律《きりつ》を[illegible]

正にし且《か》つ敬虔の念を涵養し品性《ひんせい》を淘冶するものなれば常に嚴格《げんかく》に實行するを要とす。

第七節　刀の抜き方

提刀姿勢《さげがたなしせい》にて集り、提刀姿勢を基準《きじゆん》として刀を抜くべし。又刀を納《おさ》めたる後は提刀姿勢に復すべし。

抜け刀の一

提刀姿勢より下圖の如《ごと》く右手に鍔際《つばぎは》を握る。

抜け刀の二

柄を握りたる右手は圖の如く頭上に刀を抜く心持にて上に抜くなり。

刀握り

頭上にぬく

抜け刀の三

抜きたる竹刀《しなひ》を眞直に體前に圖の如き蹲踞姿勢《そんきよしせい》となりつゝ下し、柄元は左手にて握《にぎ》り、下腹《したはら》に力を入れ背中を眞直にして體を起す、而して臀部は踵の上に乘せ兩膝頭を左右に開き、兩手を前に伸し眼を敵眼に注ぐなり。

而して立て姿勢に移り更に構へとなり動作演習す、抜け刀の蹲踞したる時は背中を丸くし或は竹刀の尖を板の間に着けざるものとす。

第八節　刀納め方

構備姿勢より右足を左足《ひだりあし》に揃へ立て尖勢となり、躇踞《ちよきよ》しつゝ構の刀を上に返し立て姿勢圖《しせいづ》の如く左手に竹刀《しなひ》を握り換へ右手を膝上に乘《の》せ上體を正確とす。

立てる姿勢

坐せる姿勢

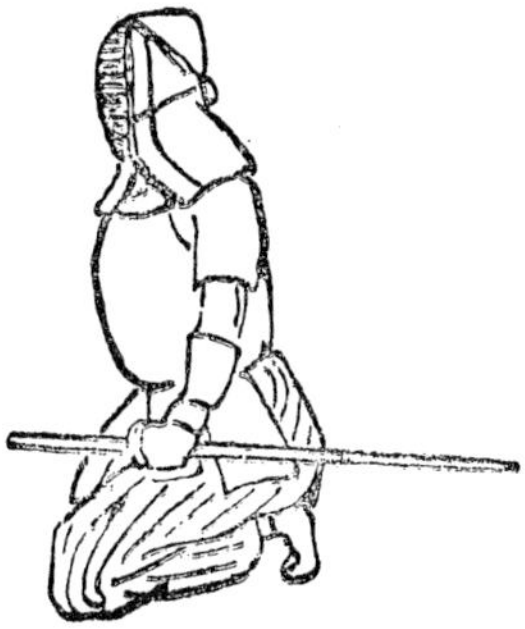

第九節　演習の準備

排列、集合、展開、閉合、解散

一、始業及終業禮（規律的演習）

『立て』　敎師の號令にて一齊に生徒直立不動の姿勢を取る

「禮」　同　一齊に禮をなす
「氣を附け」　生徒基準生號令を掛け一齊に正座姿勢を取る
「禮」　基準生の號令にて生徒一齊に正座禮を行ふ
二、整頓及着裝演習（同上）
「着裝」　教師の號令にて一齊に道具を體に着用
「整頓」　同　一齊に道具を整理す
三、動作演習
「集れ」　生徒は二列橫隊に提刀姿勢にて集る
「氣を付」　提刀姿勢を取る
「右列へ」「直れ」　提刀姿勢にて頭を右へ向け列を整頓す、直れにて元の姿勢に頭を直す。
「番號」　基準生より順次一、二、三、と呼稱す
「兩手間隔を開け」　提刀姿勢の兩手を伸ばし竹刀は橫水平として間隔を取る
「片手間隔を開け」　同右手を伸し間隔を取る

『奇數（偶數）何步進め』　各數の生徒は何步開く
『廻はれ右』　前面より後向に體を變はす
『前へ進め』　前進
『全隊止れ』　行進中其場に止まる
『拔け刀』　一齊に提刀姿勢より刀を拔く
『納め刀』　一齊に構より刀を納む
『解れ』　全隊解散
『止め』　動作中止
『對向に開け』　二列横隊の前列生は五步進み廻れ右をなして、後例と對向す。
『用意』　動作休めの狀態より其動作姿勢をとる
『呼稱を止め』　生徒發聲を止む

第十節　動作の要領

運動は筋係《すじけい》及神經系によりて營まれ、覺官界《かくかんかい》の幇助によりて四圍の條件《でうけん》に適合するを得るなり而して動作は一定の條件整然必存《せいぜんひつぞん》し以て一般人の共通の定型性姿勢《ていけいせいしせい》及運動を來たさしむ。而して動作は各局部分的の動作《どうさ》より全身動作に移り演習《えんしう》す、而して部分的の動作は兩足運動兩手運動を主《しゆ》とし全身動作は、手脚《てあし》を一致とし全身的運動とす、全身運動は斬撃刺突《ざんげきしとつ》を正確に施さしめ、漸次氣合的動作により瞬速《しゆんそく》に演習せしむるなり、最初《さいしよ》の運動は隋氣生じ易く、或は斬撃《ざんげき》は刀を抑へるの感想を懷き斬るの念生《ねんせう》ぜざるが故に、運動は體に氣を充溢《じゆういつ》せしめ、斬撃は抑へるにあらずして、斬るの感念によりて動作すべし。

第十一節　動作と呼吸

運動は呼吸《こきゆう》の調ふによりて全身を緊張《きんちやう》にし、生々たる活動をなさしむ。即ち息を吸《す》ふときは肺は從て膨脹し横隔膜《おうかくまく》下部に壓せられ、下腹部は壓力強大《あつりよくきやうたい》となりて全體に氣力興奮《こうふん》しまた全體の筋肉緊張して活潑なる運動《うんどう》をなす、しかして吸ふ息は深呼吸の如く自然《しぜん》に調ふにあり、調《とゝの》へたる息を以て運動するにあり、充息は風船《ふうせん》の空氣の入りたるに同じ、空氣《くうき》ある内は自由自在《じゆうじざい》に駈け廻り空氣の一度抜けたるときは、飛《と》ぶ力もなく、彈力《だんりよく》もなし、故に運動中は息を吸《す》ひ堪《た》へず。下腹の緊弛自在とし、弛《ろ》むとき直ちに緊張《きんてう》す、緊張したる後《のち》、直ちに弛むを以てすべし、呼吸調《こきゆうととの》へ方は發聲によりてこれを練習なさしむ、譬《たと》へば聲を發するときは口を開《ひら》き、その聲の韵《よう》には口を塞《ふさ》ぐなり、口を開くときは息を吐《は》き、口を塞ぐときは深く下腹《したはら》に引く息なり、故に、發聲《はつせい》は大きく、長く發《はつ》するを要とす。最初息を調ふるとき、吸《す》ひ込《こ》む場合胸《むね》に集まり腹空となるが故に、腹出し脊髓《せきずい》を伸張《しんてう》せしむべし。

第十二節　重心と足踏

運動重心は正眼構《せいがんかまへ》の前中心線の兩足の中央とす。しかして運動《うんどう》の場合は、構足踏《かまへあしぶみ》して各方面に移動するときは重心を失《うしな》はず、左の各項《かくかう》によりて重心を定むべし。

一、全身の平衡

直立時における平衡《へいかう》に關しては重點の位置《いち》と支撐面の狀況とによりて直立の安定を誘導す。

二、直立の重點

直立體の中央に一線《せん》を畫き兩足における支撐面の中央《ちうあう》に重點を定むるなり。

三、支撐面

重點《じゆうてん》を定むべき支撐面は圖の如き足踏《あしぶみ》によりて定め、全體を安定《あんてい》とす、この支撐面を次の方向に移動して活動の安全とす。

四、移動方向

移動の方向は、下圖の如し、しかして移動には重心失はざるなり、しかして支撐面にある足踏みは敵下圖の如く一直線に對向したるときに於ては前進斜に移動すべし、去れば、敵の構中心を外して業を容易に施すことをうべし。

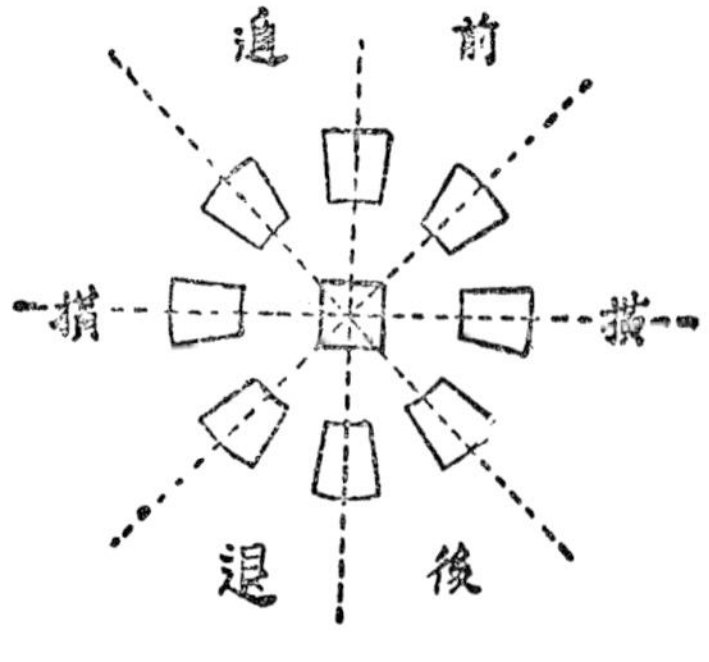

移動

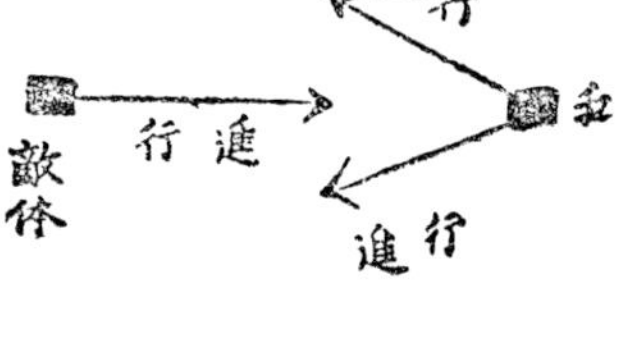

五、送り足

足を進行及退却《たいきやく》するは、送り足にて動作す、送り足とは左の各項に説明《せつめい》したる足の動作とす。

一、進　行　の　時

右足地につきたる踵《かゝと》をやゝ上にあげ、左足の力と同一にし趾《ゆび》先にて摺《す》り込み前に進出し、左足を浮《う》かしたる踵を第二圖の進《す》ゝむ足として踵を立て趾先を踏《ふ》みて三圖の如く右足に送《おく》るなり、しかして送り、足には左足を右足に揃へ、右足より進行し左足を更に送る場合《ばあひ》ありとす、去れど何れも兩足平均の力を保ち移動すべし

二、退　却　の　時

退却《たいきやく》の時は左足より退き右足を引く、而して右足を左足に揃へ左足より右足と引《ひ》く場合あり、進退共に歩を移《うつ》す際には右足は趾先を地に觸《ふる》るなり、然れども左足は進む時地より稍や離れ送

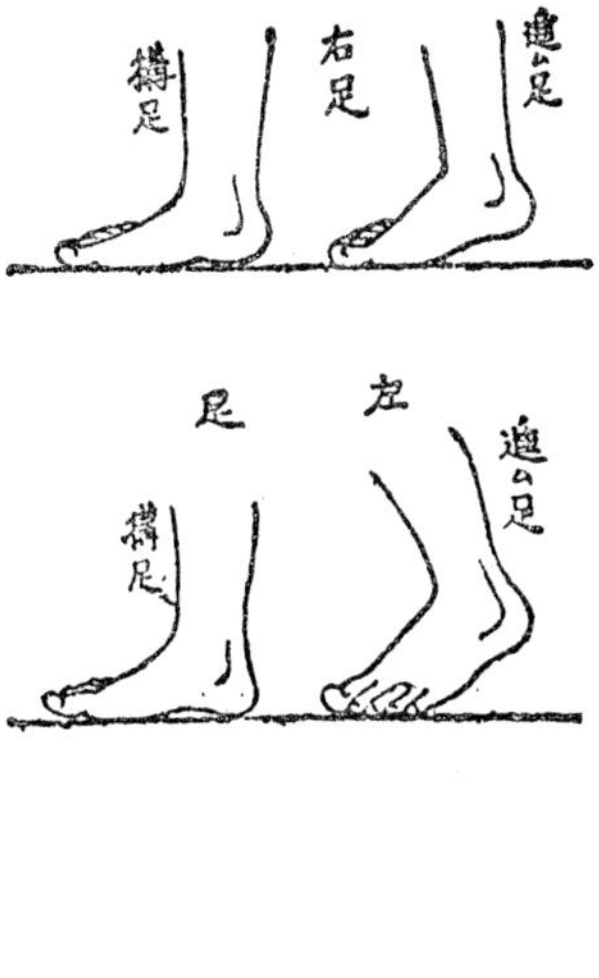

りて支撐面を維持す移動する時支撐面より脱出《だつしゆつ》したる時は身體の重心を失ひ正確なる構を崩《くづ》し異樣の姿勢となり活動誤《あやま》るに至るなり尙脫出せる足跡を示《しめ》す。

第十三節　兩足運動

一、前進の要領

體の活動方向に從ひ交互に足を運《はこ》ぶは人自然の理なり去れど、劍術《けんじゆつ》に於ける足の活動は一定なるを要とす。一定とは構右手を前方に出し上體の中心活動等の關係《くわんけい》より右足を前に踏み出し居るを以て右足より進み左足より退るを定めとす。而《しか》して構足踏みは右足を前に出し左足を後に其の踵を浮《う》かしめ間隔《かんかく》を取りて踏む、左足の踵を浮かしむるは前方に進まんとする足の力なりとす、間隔《かんかく》とは自然步行の一步開き、一定の距離にして進退する自然《しぜん》距離《きより》なり、而して進出するは右踵を稍《や》や浮べ摺り足にて輕く進み、左は踵を立てゝ送る摺《す》り足は膝關節自然の收縮より伸張《しんちやう》し此時下腹の力緊張せしめ兩足を輕くして活動するにあり、而して下腹《したはら》と一致活動は足裏に彈力《だんりよく》を有し、且兩足を輕速に行動せしむ、然して摺り込みは上體を前に出し、右足より左足と追足に進行《しんこう》するものなり、進行したる時は其の兩足の間隔構の二十七鎖を經持すべし、而して追足の時は後脊《せ》を伸ばし姿勢《しせい》を正しく練習し漸次動作を早くし恰も一脚の如く捷經にすべし。

前進足踏の一圖解

一圖は上體を稍《や》や前に出し右足を一歩前に進む、

二圖は左足を前に送り構《かまえ》の足踏に復し上體を正確とす。左足の踵は如何なる場合に於ても板《いた》の間に着けるにあらず、板の間より必らず浮《うか》し趾先にて踏み又は進むべし、踵を板の間に着《つ》ける時は上體後に引《ひ》き姿勢を崩《くず》し、下腹の力を拔《ね》き活動體をして死物とすべし。

以上の要領《ようりやう》を基礎として進行動作を演習《えんしふ》すべし。

一、『前へ進め』　右足を前に出し

基本教授簡單なる法

一、左足を足踏みの間隔《かんかく》に送る二
二、『右斜《みぎなゝめ》に進め』體を右斜向とし右足を出す一、左足を送る二。
三、『左斜に進め』體を左斜向《ひだりなゝめむき》として右足を出す一、左足を送る二。
四、『進め前』右足を出《だ》し左足を送る（一、二、一、二）止めの號令《ごうれい》迄前進す。
五、『送り足進め』左足を右足へ揃《そろ》へ一、右足を出し左足を間隔《かんかく》に送る二。
六、『進《すゝ》め』左足を右足に揃へ右足を出し左足を送《さそく》る一止めの號令迄進む。
二、退却の要領
足踏前進は人自然《しぜん》の足踏みなれど退却及横に動作するは變則《へんそく》とす。即ち前進は日常歩行に自然慣れたる足踏みにて其の他は慣《な》れざる動作の足踏みなり、故に退却は人自然の活動《くわつどう》を本意として特定の動作を定《さだ》めたるなり。而して退却は人類自然に交互《こうご》の動作なれば捷徑に行《おこな》ふことを得べし、之れを追足にする時は前進の如く一脚《きやく》に輕捷に動作すること甚だ困難なること言を俟《ま》たずして明なり、又最初より退却を前進の如くするは自然の逆行《ぎやくこう》にして害多しとす、殊に兩足共儘飛躍的《ひやくてき》に退るときは體の安定を失《うしな》ひ顚倒す、又此の飛躍的に退るときは左踵《ひだりかゝと》に全身の力掛ゝり易し、若し飛躍的の運動にして、足の働きを失ふ時は腓腸節《はいちようきん》、即ちアヒリス筋を切斷するの恐《おそ》れあり、前に言ふ如く逆行する動作は危險の伴《ともな》ふものなり、故に交互送り足何れも緩徐《くわんじよ》に練習すべし、而して送り足は左足を引き右《みぎ》は自然の屈縮の儘趾先を踏《ふ》みて引くべし、交互は普通の足蹈《あしぶ》みにて左右左右と退却するに何れも趾先にて輕《かる》く尤も狹《せま》く退却すべし、而して圖の如く退却に右足を伸張《しんちよう》して引くは退却不完全となるが故に膝《ひざ》を稍や屈縮し趾先を地に摺《す》り退くべし。尚左の要領を記憶し退却の實地演習《じつちえんしふ》をなすべし。

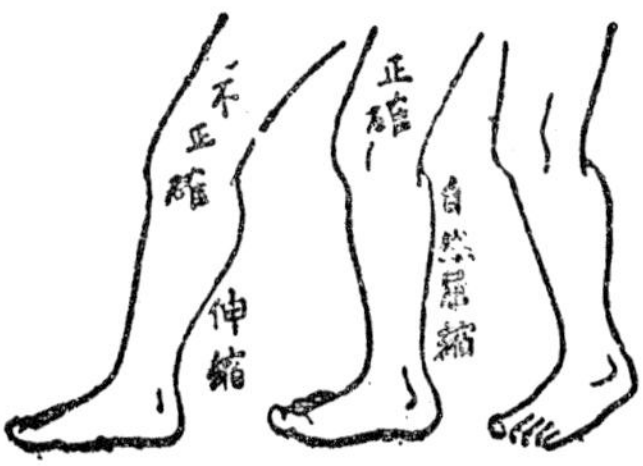

（號令）

一、『兩踵を上げ』 自然踵を浮《うか》し趾先にて踏み上體を伸《の》ばす（但し提刀姿勢にて）

二、『何歩退れ』 提刀姿勢《さげかたなしせい》より左足右足と追足に命令の通り退《さが》る

三、『後へ退れ』 同要領にて退り止《と》めにて止《と》まる

四、『右（左）斜退却』 正面體《せうめんたい》を右（左）斜に向け退却す

五、『左横へ開け』提刀姿勢より右足を體の横に一歩開き左足を右足に送る

六、『右横へ開け』是刀姿勢より左足を體の横に一歩開き右足を左足に送る　（右變へ）　右變足

七、『斜踏み變せ』同じ右足を中心として右に體を廻し左足を斜方向に踏變へるなり。　構足踏　左變足

横及斜の足踏みは左右の文字を上に附し號令《ごうれい》を掛くべし、而して左足は提刀姿勢《さげがたなしせい》の足踏みを中心とし圖《づ》の如く踏み變へるなり。　（左構足）

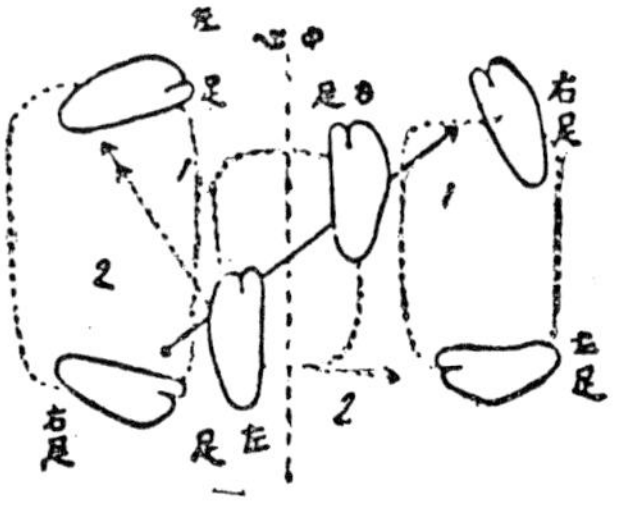

三、兩膝屈縮

以上の追足《ついそく》の動作は自然に一脚の如く捷徑に進退《しんたい》し「全體の安定《あんてい》を失はざらしむべし、而して進退の足踏の追足は、下腹《したはら》と腰を中心《ちゆうしん》として兩膝の屈縮によりて動作《どうさ》するを要とするものなり。即ち膝の屈伸《くつしん》は兩足筋の收縮伸張の運動を計り進退《しんたい》を自由とするにあり。

第十四節　場作演習

『右前に踏め』　提刀姿勢《さげがたなしせい》より、右足を一歩前に踏《ふ》み出す元に復すときは、右足を左足に揃《そろ》へ元に復す。

『右前斜に踏め』　同く體を斜右《ななめみぎ》に向け右足を一歩出し、元に復《ふく》すときは右足を引くと同時《どうじ》に提刀に復す。

『左前斜に踏め』　同く體《からだ》を斜左向き右足を一歩《ほ》出《だ》し提刀に復す。

『左後に退け』　同く左足を一歩後《ほうしろ》へ退く、元に復すときは左足を右足に揃《そろ》へるなり。

『左斜に退け』　同く體を右斜に向《む》け左足を一歩退き元に復《ふく》す。

『右斜に退け』　同く體を右斜に向け左足を一歩退き元に復す（運動は大股にて行ふこと）

『左斜後に變せ』　構姿勢の足踏より、左足を左斜は開《ひら》き右足を後に引き兩足を八の字形《じがた》とす。

『右斜後に變せ』　同く右足を開《ひら》き左足を引き八の字形とす。

『後に踏め』　同く右足を引き左足を引き交叉《こうさ》に間隔《かんかく》を狭く退る。

『斜右に換せ』同く體を左向きとし左足を後に引き右足を送る。

『左斜に換せ』同く體を右向きとし右足を後に引き左足を送る。

『右横に開け』同く右足より右横に開き左足を送る。

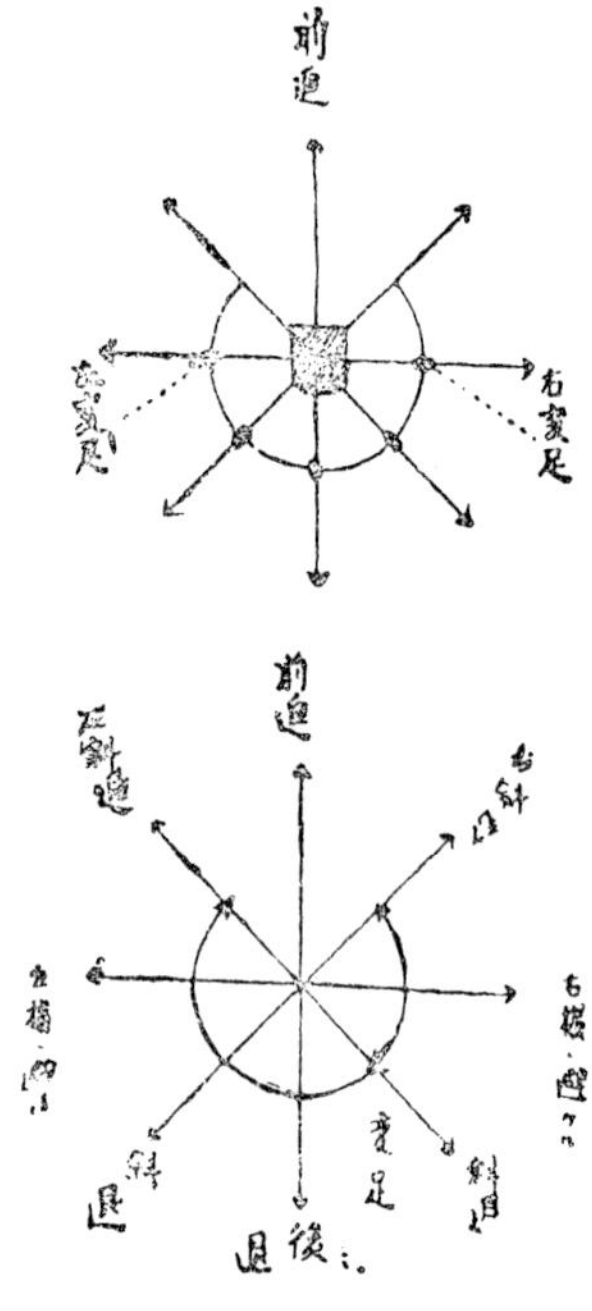

（足踏み方向）
左右の圓形は半身體の足踏み方向なり

『左横に開け』同左足より左横に開き右足を送る。

『追足に進め』同く右足より進め左足を送り追足にて進む。

『何步進め』同く追足にて進む。

『送り足に退れ』 同く右足を左足へ寄せ左足より速かに引き退る。

『追足に退れ』 同く左足を引き右足を送り退る。

足踏の矯止

『何歩前へ進め』 提刀姿勢より自然歩行により左足より進み、右足の踏み出したる時其の姿勢の儘止まる。

第十五節 兩手運動

運動は構《かまへ》直立《ちよくりつ》にて足を揃へ六十度に開き、兩手《りようて》を前に右手を上に左手を下に組み合《あは》せたるを基礎として竹刀を持ち運動を行ふべし。

一、緊張運動

『刀を頭上に伸せ』 直立姿勢の刀を頭上に圖の如く眞直に伸ばす一、二にて元に復す。

『頭上より前に伸せ』 上段に上げ（一）前面に伸ばし手を胸部に止める（二）元に復す（三）

『肩より斜左（右）前に伸せ』 肩に屈し斜構となる（一）兩手を左（右）に伸ばし胸部に止める

二、三にて元に復す。

『横脇より前に伸せ』體の横に兩手を返し横構となる（一）水平線に竹刀を伸ばし後前にて止める二、三にて元に復す。

『體前に伸せ』直立姿勢の刀を其の儘前面に伸ばし手を胸に止める一、二にて元に復す。

二、屈縮運動（屈縮を主とする運動）

『頭上より左（右）に廻せ』頭上にて圓形を作り、前に伸ばし手を胸に止める一、二にて元に復す。

『胸より左（右）に廻せ』胸の高さとし（一）圓形を作り其の儘止める（二）元に復す（三）

『構刀を左（右）に廻せ』構の右手を胸に引き（一）手を返し竹刀を水平に前方に伸ばし腹にて止める（二）元に復す（三）

『刀を上に伸《の》ばせ』直接姿勢《ちよくせつしせい》より兩手を圖の如く伸ばし刀を水平《すゐへい》とし、踵を浮《うか》め、趾先に力を入れ、全身《ぜんしん》を伸ばす二の擧動にて元の姿勢《しせい》に復す。

『頭上より前に伸ばせ』立《た》て姿勢に兩手を頭上に上《あ》げ前へ眞直《まつすぐ》に伸ばし、右拳を胸部と平行《へいこう》とし左拳は内方に絞《し》め、竹刀は斜とす、此の動作と同時に趾先を立て踵《かゝと》を浮め全身を伸《の》ばし、元の姿勢に復《ふく》すときは踵を輕《かる》く着けて元の姿勢に直るべし。

第十六節　兩手の方向

兩手運動は收縮伸展《しうしゆくしんてん》によりて竹刀を正確に使用せしむ、而《しか》して此の運動の手には牽《けん》引彈力性《いんだんりよくせい》を有し、竹刀の活動を誤《あやま》らざらしむるなり、而して兩手運動《りようてうんどう》の方向は運動を爲さしめ、收縮伸張の運動自在《うんどうじざい》ならしむ。而《しか》して運動は構を準據《じゆんきよ》として運動をなすべし、而して其の方向及要領凡《およ》そ左の如し。

「一、頭上《づじやう》より直下するを眞向《まつかう》とす。
二、頭上より左右斜に直下するを斜直下《なゝめちよつか》とす。」

三、腹脇《はらわき》より左右横水平線なるを横直とす。

四、構《かまへ》より前伸するを眞直伸とす。

兩手運動の方向を定《さだ》むるは兩手諸筋の自然の緊張《きんちやう》の運動を爲さしむる方向とす、故に此方向に運動する刺擊《しげき》は正確なるものと謂《い》ふべし、之れを運動の基礎方向とす。

兩手運動の方向圖

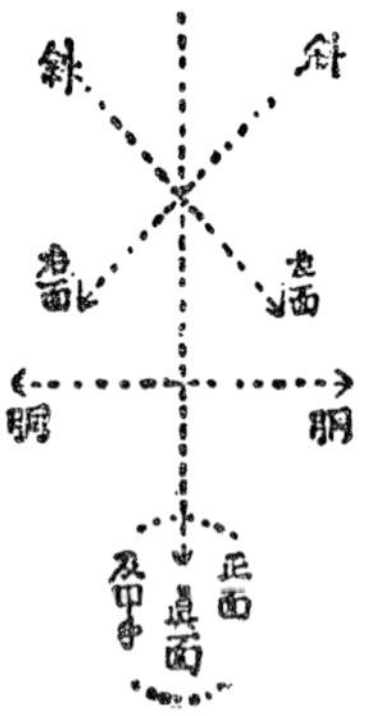

第十七節 止手

止手《ししゆ》とは運動したる時竹刀の一定の處に止むるを云ふ、即ち刺擊したる竹刀を其の儘《まゝ》とし手を止むるにあり、圖《づ》の如く刺擊の個處は一定せり、故《ゆゑ》に刺擊したる伸張の手定まらざる時は他に外《そ》れ全體を崩し、手の力を失《うしな》ふに至るなり、左の圖解と要領とによりて止手を練習《れんしふ》すべし。

要領

一、正面横面刺擊は手《て》を伸張し左拳を胸《むね》にて止む。

二、胴甲手は胸部《きようぶ》にて伸張して左拳を止《とゞ》む。

三、突《つき》は胸部にて左拳を止む。

以上の止手は斬擊刺突の狀態《じやうたい》を保持するなり。而して此の止手《ししゆ》は刺擊不確實なる時は直《たゞ》ちに練續的動作を行ふこと能《あた》はず、然して止手右手は充分伸張《じうぶんしんちやう》せしめ道具に當りたる處に從《したが》ひ止めるなり、止手に圖の如く手を體《からだ》に引くものあり、之れ止手にあらず、此れがため全體《ぜんたい》を崩《くず》し活動を失ふなり、故に止手より元に復《ふく》すときは青眼《せいがん》に復し青眼より後へ手を引くべからず。

刺擊の個所

基本教授簡單なる法

第十八節　動作演習

『前に振れ』　構へより上段にて頭上《づじよう》に擧げ一、頭上の竹刀を胸部に止め二、三にて元の構に復す

『左斜《ひだりなゝめ》より下せ』　構へより左斜構一、斜構より斜前に伸し胸部《きようぶ》に止む、二、三にて元の構に復す

『右斜より下せ』　同く右《みぎ》へ。

『左（右）横《よこ》に返せ』　左又は右脇構一、横に水平に刀を振《ふ》る二、三にて元の構に復す。

『左（右）横に廻《まわ》せ』　構へにて左（右）其儘廻《そのまゝまわ》し一、元に復す。

第十九節　全身運動

第一　體固め

『體を下せ』　構上段より兩手《りようて》は面を斬撃し圖の如く體を下す、二の擧動《きよどう》にて上段に復す。

調腹運動其ノ一

體を下に下す時は、兩足《りようあし》を揃へ兩膝を横外方に

出し、曲折《きよくせつ》し下腹に力を入れるなり。

「刀を前後振れ」構へより右足を圖の如く大股《おゝまた》に踏み込み刀を背《せ》の直線に着け、胸間を開《ひら》き、下腹に呼吸を調へるなり、呼吸の充溢《じうえつ》したる時右足を元の姿勢に復して面《めん》を斬撃す。

「刀を引き振れ」左足を大股《おゝまた》に引き上段となり右足を左足に送りて打《う》つ。

「進退に刀を振れ」進退交互《しんたいこうご》に動作を行ふ。

此の動作は主として呼吸作用《こきうさよう》に依り下腹に力を調へるの運動なり此の調息《てうそく》は斬撃刺突動作の基礎運動なりとす。

其二

第八章　構備及刺擊動作

第一節　構備自然體

構備自然體は全活動の基礎《きそ》なり、圖の如く體形の姿勢なり、世間に構備するに兩手を體《からだ》に引き寄せ竹刀の尖を敵眼より上《あ》げるあり又背を圓くし又は肩《かた》を怒らすあり之れ何れも各局部偏寄しる構備の身體にして自然《しぜん》を失ひ活動の圓滿を缺《か》きたる體形とす、故に圖の如く姿勢《しせい》にて以下說明する要領に從《したが》ひ構備姿勢を正確《せいかく》とすべし。

第二節　構備姿勢

構備自然體は之れを靑眼《せいがん》と云ふ、靑眼とは心の正しきを謂《い》ふものにして心正しければ則ち形正し靑眼は儒道《じゆどう》の所謂仁義道德を體するものなり、即ち心中邪念《じやねん》なきの心境なり、而《しか》して此の構備は正規《せいき》の構にして尤《もつと》も生理的確實なる活動體にして刺擊攻防をも活潑《かつぱつ》に施し得るものなり、而して構形の身體は正《たゞ》しくして精神を一途《づ》に集中し統一せしむるなり、靑眼《せいがん》構以外に上段中段下段等の各構を變化《へんか》す、此れ等の構へは正規《せいき》靑眼

の構の變體形なり、故に獨立《どくりつ》したる構にあらず、構備と云ふも青眼構《せいがんかまへ》即ち構備自然體を謂ふべく又活動の主要體なりとす、各變化の構形は青眼より練習すべし。

第三節　構備の重心

構備自然體には一定の重心《じゆうしん》によりて全體及び活動體を安定す、若《も》し重心なければ體形崩《たいけいくず》るべし。

安定を失ひたる體は、顚倒して活動不能なり、故に一定の重心を定め活動の際不倒翁の如くすべし、而して各個の重心を定むるは構備體の前に中心線を畫き其の一直縱線内に頭の頂上兩眼の中央、臍及開きたる兩足の中央が歸納して重心定まるなり。

安定體の圖

第四節　兩手の保持

構を正確《ぜいかく》にするは兩手保持の正しきにあり、兩手《りようて》には内宛稍や稽古着《けいこぎ》に摺れる處に着け竹刀を持ちたる時は右手のみ肘關節《ひぢかんせつ》より先腕を上下反動によりて竹刀《しなひ》を自由とす、左手は柄元を握《にぎ》りたる儘動かざる樣にすべし。圖の如く上半身《かみはんしん》に三角形を畫き三點合する所に手を定《さだ》め、竹刀を保持したるもの正確《せいかく》なりとす、此の定めより反動は下に又上に元に復《ふく》すなり、而して上體は下腹前方に張《は》り出し全身整然たる態度《たいど》を作るなり所謂氣劍體一致の構形《かまへかたち》と爲る。

第五節　體の前後動

上體が圖の如く前に掛《かか》るとは前に動きたるを謂《い》ふ此の狀態は刺擊するときの反動《はんどう》の力なり、去れど此の動《うご》き甚だしき時は全體を亂《みだ》し、及び重心を失ふが故に其の動《うご》きの範圍を定《さだ》む。其の範圍は十一度强《どきやう》とす、十一度强の場合は圖《づ》の如く兩手の伸張は右肩と右趾先《みぎゆびさき》に一直線を畫きたる形狀《けいじやう》となるべし、其の形狀は構備自然體の重心を失《うしな》はざる體なりとす、故に活動も自由《じゆう》たりとす、而して接近《せつきん》したる場合は敵刀

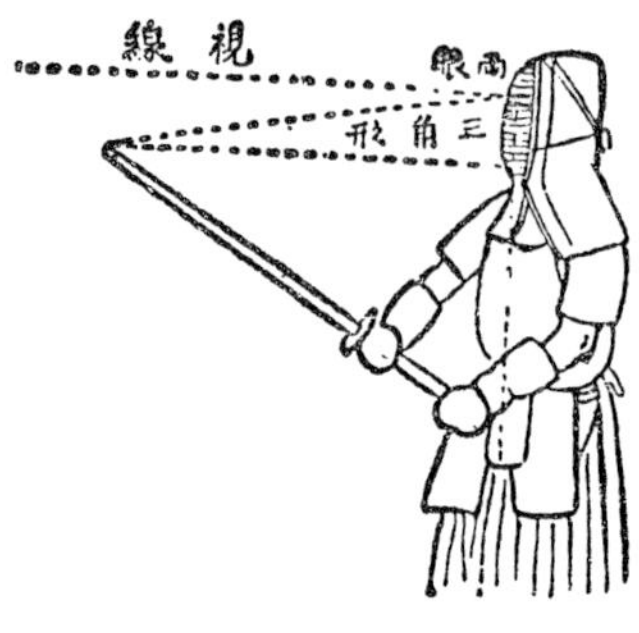

を外し或は避《さ》けて斬撃を施《ほどこ》すべきもの
なれば、自然上體を圖の如く後反動の力とす、之れを變はすとも云ふ後反動は前反動の如く十一度强迄とし其重心を失はざる様に動作すべし。

第六節　兩手の握固

（竹刀使用の正確）

構の左手は自然に垂れたる肘を屈し弓張形狀にし、腕の內方は紙一枚を入れたる如く體と離し其の手先きを前に出し拳を內へ緊め柄元を握るなり、右手は弓張形狀にし鍔元を輕く握るなり、而して兩掌の中は手

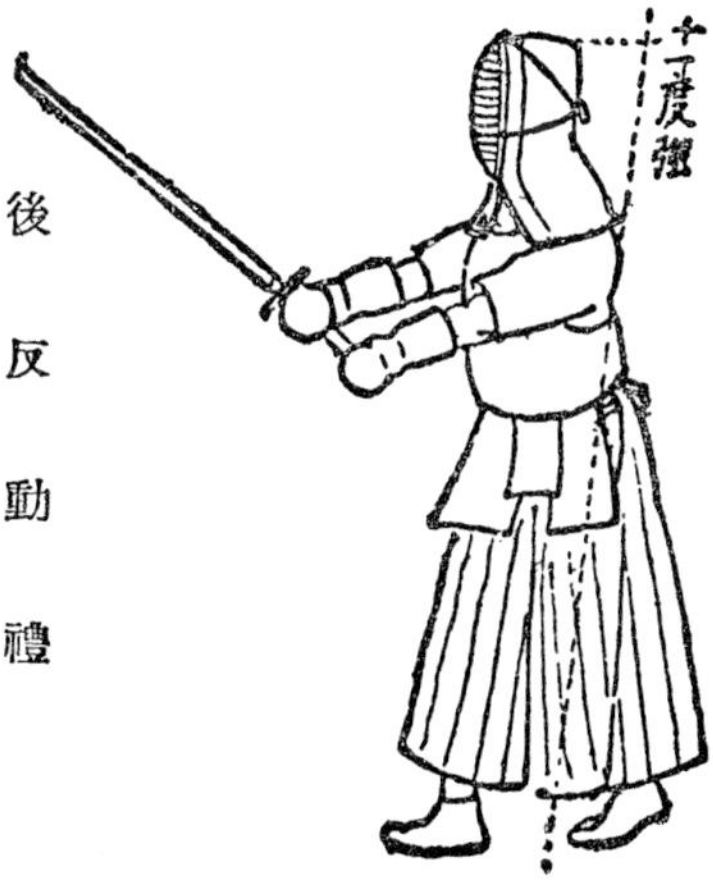

前反動禮

後反動禮

拭を絞るが如く絞《し》めるなり、斯くの如く握《にぎ》るときは手の握力を平均《へいきん》とし、又諸指の節々を緊縮せしめるなり、而して各指の緊《し》め方は小指藥指を緊め、順次《じゆんじ》中指人指指拇指と其の二指にそへて靜かに緊めるなり二指緊める時は、拇指《おやゆび》の內方にて柄を押すなり、其の指《ゆび》の緊め方にて握固正確《せいかく》となり強弱の力を自由《じゆう》とするなり、構へたる時の兩手位置《いち》は左拳は前中心線稍や左へ臍下《へそした》十鑽を離し、緊め刀尖を敵の左眼に着《つ》け刀を定めたる時右手は弓張形狀《ゆみはりけいじやう》、即ち自然の屈縮によりて柄を握《にぎ》るなり、右手を握る時は鍔下五分を離《はな》れ人指の一本入れる間隔を取り輕《かる》く握るべし、而して握《にぎ》りたる右手の肘は下に向けるべし、肘《ひじ》を下とする時は拳《こぶし》を外に緊めることを得べし、此の握固《にぎりこぶし》によりて拳の四指の中央の節は刀刃の向く處と同一となるべし、此の握固を基礎として竹刀を使用せば其の斬撃を誤りなしと謂ふべし、最初の內

刀刃と四指の節との一致

其の形狀の斬撃の平打ちとなるべし

刀刃と握りの不一致

は右手に力偏寄《かたより》するものなるが故に左手に尤《もつと》も握固を強くし右手を輕くする事に慣らし兩手の平均の力となすべし、右の握固《にぎりこぶし》により刀刃の正否を圖解《ずかい》によりて示す。

左手は右手《みぎて》の握固りと同じ、而して此の狀態は斬擊《ざんげき》せんとする目標に向つて活動《かつどう》せしむべし。故に斜斬擊には拳を返すべし、但し突きは構拳と同一なり。

第七節　直曲の刀勢

手に握りたる竹刀《しなひ》の振り下す方向《はうこう》は之れを直曲の二つに別つことを得べし、直とは眞直《まつすぐ》にして直線なり。曲とは稍斜《ややなゝめ》に下す竹刀にして曲線《きよくせん》なり、即ち直は斬擊刺突を施《ほどこ》す竹刀の活動なり、曲とは防拂或は返《かへ》す竹刀の働きなりとす、而して各線《かくせん》によりて竹刀の働き正確《せいかく》とし、又極《きは》めて捷く電光石火の如し、曲線は打《う》つ力より少なき力を以て防《ふせ》ぐことを得る微妙《びみやう》の働きをなす、以上《いじやう》區別《くべつ》したる兩線の力には自然上下の反動《はんどう》を生ず、斬擊の時《とき》は下より上に防拂は上より下に反動あり此《こ》 反動により刺擊防拂の變化自在《へんくわじざい》とす、而して其の反動により竹刀働に慣《な》れる時は、實に宇宙《うちう》の如大なる眞理を包藏することを自覺《じかく》すべし、故に自然其の意味《いみ》に於て働きを爲すべし。

(連續動作の力)

一、斬擊は靑眼《せいがん》より中段に下げ其の反動《はんどう》によりて斬擊を施し、斬擊して更《さら》に此の反動によりて連續し刺擊を施すを得べし。

二、防拂は青眼の一點より敵の鍔際の間に曲線を畫き防拂し、更に三の反動によりて刺擊又は防拂に連續して施すことを得べし。

第八節　刺擊兩手定め（一名太刀筋）

手の活動の正確《せいかく》にするには青眼構《せいがんかまへ》を基準とし圖解の各黑點に連絡《れんらく》する處に定め、之れにより活動せば正確《せいかく》なる太刀筋となり刺擊動作誤《あやま》らざるなり、定めは兩手構より定めたる處に收縮《しうしゆく》して尤も力強きなり、此の定《さだ》めより各目的に伸張すれば正《たゞ》しき刺擊をなすことを得べし、而《しか》して兩手運動は收縮伸張《しうしゆく》を自在とし自然其の運動《うんどう》の速力に相繼きて其の動作を完全《かんぜん》にす、左の圖は兩手の定《さだ》めにして收伸順調にして最も正確《せいかく》なる練習の起點なりとす。

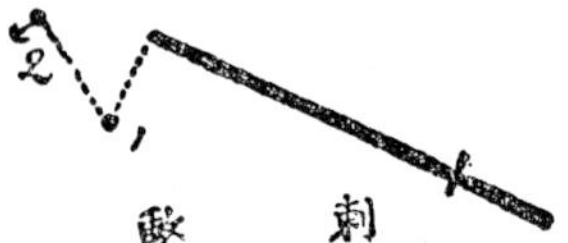

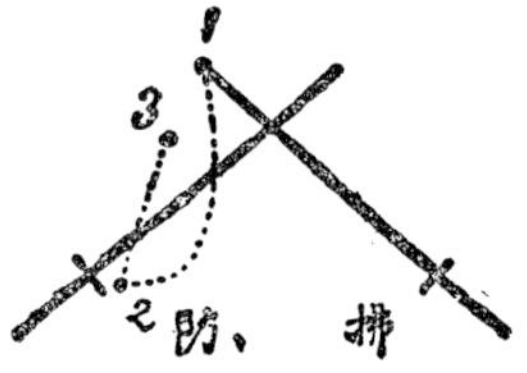

一、青眼の一點《てん》より各點に直線を畫き連絡《れんらく》すれば、其の手定まる其の兩手定《さだ》まる形狀は凡そ左の如し。

（一）正眼平青眼及刀尖上げたる形狀（二）竪立刀（三）上段（四）霞構（五）同（七、八）斜構（九、十）斜構（十一、十二）斜返し（十三、十四）脇構（十五、十六）下段（十七、十八）は切返し斜圓形上段より

二、防拂は青眼の一點より咽喉及胸部の黑點に圓線を以て連絡す、而して防拂の主要は左の如し、

（一）上部咽喉は面突き（二）下部は甲手突き胴の防拂

第九節　肘の屈伸

第一　屈曲の形狀

三角形體　（斬擊形擊刀の部）

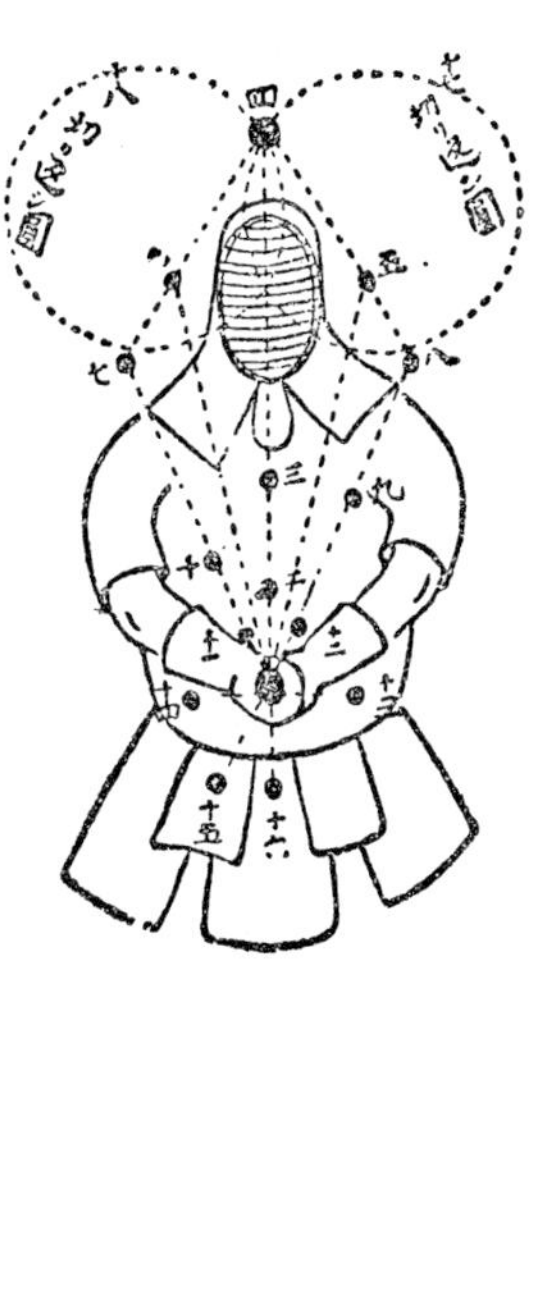

圓形體手定め　（防拂の部）

活動する兩手《りやうて》肘の屈伸は彈力性を急據《きうきよ》なる作用をなす、故に肘は下部にて收縮《しうしゆく》せしめ、伸展を自在とすべし、若し肘を側方に出《だ》し、或は伸ばし居る時は筋弛緩《きんちくわん》して彈力性を減弱す。故に構の右手は收縮な長徑《てうけい》として刀を持つ時は、肘屈伸自在《じざい》となり活動筋は絶へず彈力性《だりよくせい》を有す。左の圖は自己が手を伸ばし、體前にて見《み》たる正確にして收縮の長徑の形狀《けいじやう》なり、而して肘の彈力性は黑點《こくてん》の力に注意し、此の諸筋《しよきん》の活動作用と一致するを要とす。

第二　伸張の方面

敢縮の方向は下圖の如し、一より五は上に六より八は横に收縮する方向とし此の收縮により日に斜に伸展することを得べし、即ち圖は收縮の方向にして此れにより伸展自在なるを示すな

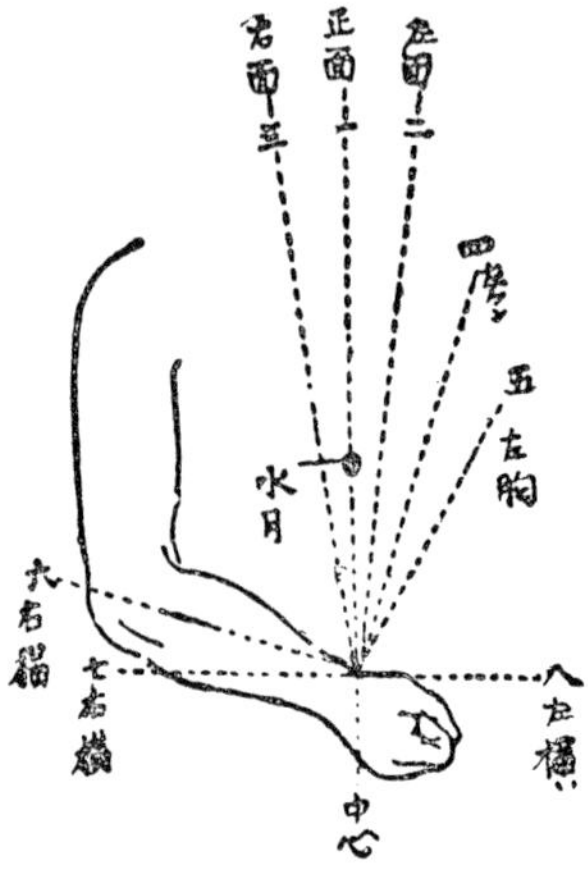

兩手肘收縮及
長徑の形狀

り。

第二圖は青眼《せいがん》の手の稍や上に收縮し、其の拳は胸部《きやうぶ》に水平とし、此の形狀より斬擊に伸展《しんてん》する肘の收縮なり。即ち收縮より伸展《しんてん》したる時は斬擊を施すに容易《えうい》なり、故に絕へず構にて收縮《しうしゆく》し伸展し、直ちに依然收縮狀態に復す時は更《さら》に斬擊を行ふことを得べし、若《も》し斬擊したる後依然延長《えんてう》して既に短縮せざるときは刀勢《たうせい》を失ひ。直ちに敵《てき》の業に應ずることを得ず、故に收縮と伸展は連續的に行《おこな》ふべし。而して構收縮より伸展《しんてん》する活動の業は凡そ左の刺擊を施《ほどこ》すことを得（一）甲手（二）摺《す》り込み甲手面（三）返《かへ》し、胴（四）横面及突收縮に於《お》ける兩手運動は二頭膊筋を強大とし力を強くす。

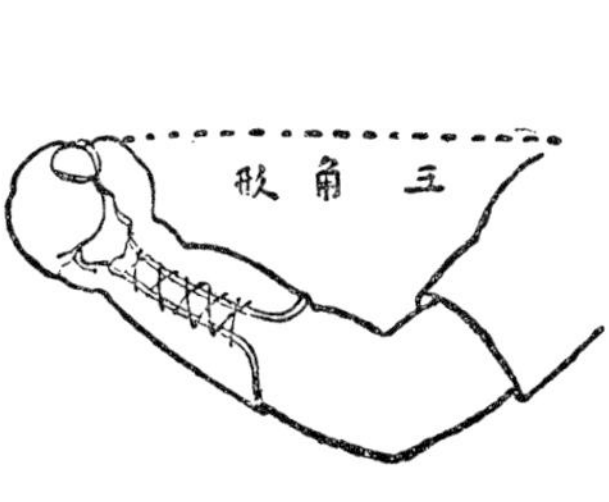

此の力に依《よ》りて伸張する時は手先諸筋《てさきしよきん》の力を強くす。又は拳の力を緊《し》め、或は元の長徑に復し次の運動を容易《えうい》とするなり、伸展及び回轉の運動をなす。然《しか》して長徑とは弓張《ゆみはり》形狀にして之れを基礎とす、若し弓張形狀《ゆみはりけいじやう》より著しく收縮するときは自然《しぜん》の正力を失ひ肩に力偏寄《かたより》し手の働きを拘束す。

故に圖の如き收縮《しうしゆく》によりて之れより運動をなすべし。而《しか》して手の伸展するは唯《た》だ伸ばすにあらず、上下彈力ありて而して手の內の正確《せいかく》なるを要とす。譬へば正面斬擊の時は屈伸の手は伸《の》び竹刀の敵の頭上《づぜう》に當る時、其の伸張したる手は彈力的《だりよくてき》に緊あり、且つ元に復《ふく》するなり。彼のごむ鞠《まり》をつくことに譬へんか、鞠《まり》はつけば直に上に上る手の伸びたる働《はたら》きも亦斯の如き反動を要《えう》す。是れ最初の注意なり、反動は斬擊したる後頭上《のちづじやう》に手を上げ、或は體を崩すは不可《ふか》なりとす。甲手面等を打ちたるとき刀尖上に二三寸上る反動により直《だだち》に構へに復す、往々にして面を打《う》ち、敵《てき》の頭上に向手を伸ばし、或は手《て》を下げ竹刀を堅《かた》くする者あれど、斯の如きは反動《はんどう》にあらず、却て自己の手の働きを失ふに至るなり、即ち二三寸の反動《はんどう》は伸張より收縮長徑に復すを正確《せくかく》なるものとす。故に面斬擊外れたる時と雖も直《ただち》に胴に變擊することを得べし、此の反動《はんどう》に生ずる力を强弱《けうじやく》と云ふ。强き力は刺擊防拂を爲すときに生じ弱《よは》き力は構へ、或は攻《せ》め又は連續の瞬間《しゆんかん》に於ける竹刀の操縱自由なる力を謂《い》ふべし。」

第十節 拳返し

拳返しとは刺撃防拂《しげきぼうふつ》を正確に施《ほどこ》す必要なる力とす故に左の各項に頒《わか》ち説明實施せしむべし。

左に返す時は下圖の如く十文字形とすべし

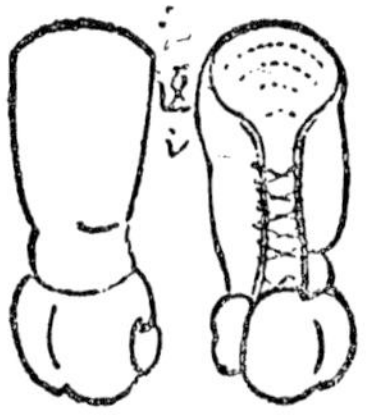

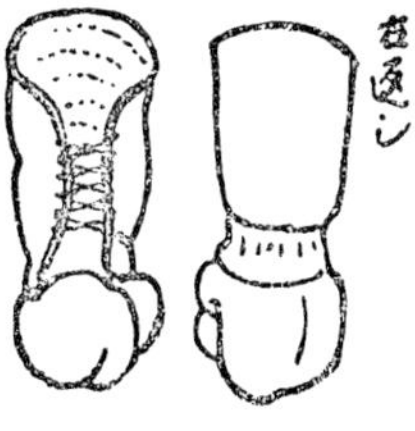

第一　左右胴斬撃の拳返し

構を中心《ちゅうしん》として其の手を左右の側面《そくめん》に返す圖の如く拳返りたるを正確に斬撃《さんげき》する事を得べし。而して斬撃したるときは兩手《りょうて》は足の進行の方向に引《ひ》くべし。

第二　横面拳返し

左右横面斬撃は、圖の如く拳を返し、双方を正しく斬撃することを得べし。

第三　防拂拳返し

防拂は圖の如く體前にて拳を返し竹刀を斜形狀とし曲線を畫き青眼に復し曲線によりて防拂するなり。

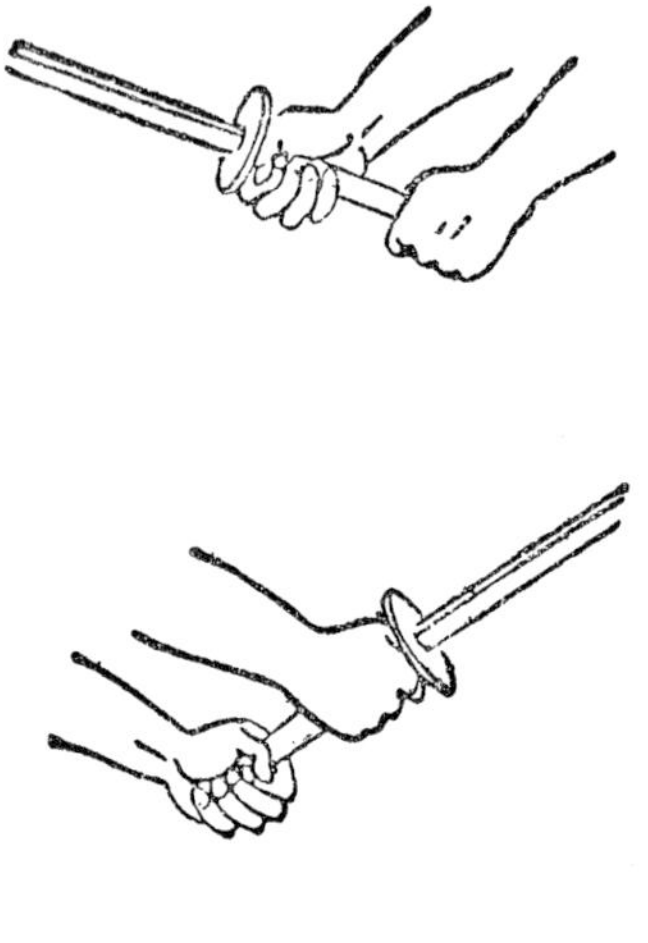

右返し

第四　拳返しと指節

拳返しより斬撃防拂したる時は指の四本中の節は敵に向きたるものを以て正確なる業を施すなりとす。

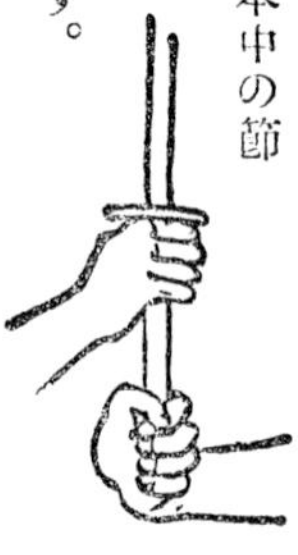

左返し

第五　接近の拳返し

圖の如く體《からだ》の中心にて手を定め拳を返し敵刀《てきたう》を押し之の狀態より拳を返《かへ》し斬撃する

なり、而して拳を返す時は右手を返し斬撃を爲すべし。

第六　隱刀拳

上段又は片手上段は竹刀の全體を隱し拳の握りのみ現はすなり之れを隱刀の拳と云ふ。

第七　拳斜廻轉

打ち込みの場合は圖の如く拳を肩上より頭上に體の側面に一廻轉し頭上より眞直に斬撃す。

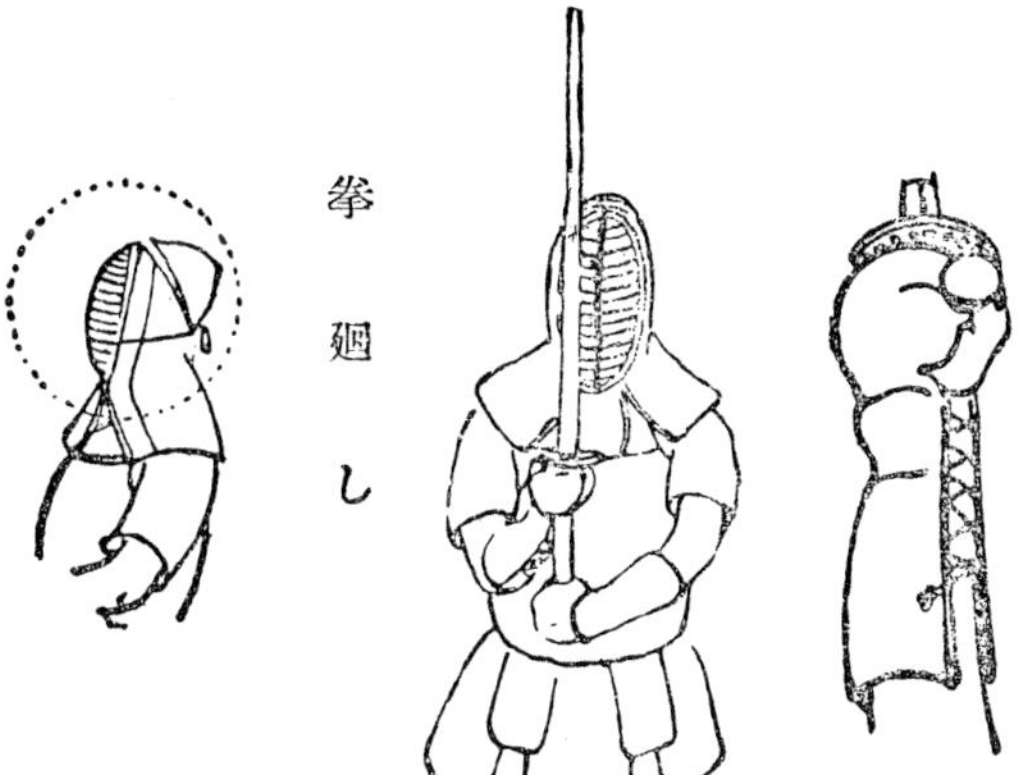
拳廻し

第十一節　速度

刺撃するには左の速度によりて施すなり。而して速度は刺撃起點より目標の間の竹刀の働く速度

とす。（防拂も又同じ）

一、刀尖交叉《かうさ》し構より刺撃する速度《そくど》は一秒十六分の一を以《もつ》てす。

二、上段斜構より刺撃《しげき》は一秒の十分の一を以《もつ》てす。

三、接近《せつきん》して斜外し又は鍔《つば》摺《せ》り合ひより刀を返して刺撃《しげき》するは一秒十分の一を以てす。

以上列記したる速度《そくど》は人の視力《しりよく》に及ばざる動作《どうさ》をなす、敵の應ずるの暇なく次ぎの業《わざ》に變化し充分の活動をなすことを得べし。又變撃《へんげき》の連續に至りては一秒十六分の一の速度《そくど》を以て施せば敵の先を制することを得べし。

最初の速度は、左に列記《れつき》したるものにして漸次《ぜんじ》以上の速度によりて竹刀を操縦《そうじう》することに習熟すべし。

普通斬撃は一秒に一回次は一秒に二回とす。

第十二節　手脚の一致

各基本動作は手脚《しゆきやく》の活動を統一的にして、正確を得《う》るものなれば手脚一致の練習《れんしふ》を爲すべし。故に手を働かし、竹刀《しなひ》の音と右足の運びと一致《ち》せしむるを要とす、左の練習《れんしふ》によりて一致を促進《そくしん》せしむべし。

一、素振及び打込みの演習。

『前後に打て』 一にて上段となり追足退く二にて正面を打ち追足進む。

『左右に打て』 一にて上段より左横面に打つ、二にて上段より右横面を打つ足踏みは追足にて進出すべし。

『左右正面を打て』 左右横面を其の場にて打ち五六回繼續したる後正面を打つ。

斬撃の心得

左右横 を斬撃《ざんげき》するは受け方、防ぐ力によりて元に戻《もど》る力を生ず。故に其の受け方の反動《はんどう》によりて反對の方向より斬撃す。元に戻《もど》る時は兩手の肘を屈縮し、拳は肩《かた》より斜に頭上に廻《まわ》し、上段となり上段より更に右又《また》は(左)に打ち込《こ》む。此の心得によりて左右交互に打ち込《こ》むなり、正面斬撃は受け方充分《じうぶん》斬撃せしむるにより、全體を挺身的動作《ていしんてきどうさ》により兩手を伸張し、足踏み込みも充分正確に斬撃すべし。

第十三節　構動作の演習

各構は攻守《こうしゅ》刺撃防拂の體勢なり、而《しか》して構形の動作は青眼《せいがん》を基準として演習す。但し構動作は一動作毎に青眼に復す。

『中段構初め』　青眼刀を稍や下に下げ、敵の腹部に刀尖を當て左右の兩手を平行とし竹刀を水平にす。

『下段構初め』　右手を下部に下げ刀尖《とうせん》を敵の脛《すね》の處に斜に着けるなり。

『左上段構初め』　兩手を頭上《ずじょう》に上げ左足を前に出すなり。

『右上段構初め』　兩手を頭上に上げ構備《かまへそなへ》自然體の足とす。

『左横立構初め』　柄を上に劍尖《けんせん》を下に下げ體の側面に竹刀を逆《ぎやく》とし刀刄を外方に向けるなり。

『右横立構初め』　同上。

『左（右）横構初め』　兩手を體の側面《そくめん》に取り竹刀を後に斜水平《すゐへい》とす。

『左（右）霞構《かすみかまへ》初め』　胴手は頭の側面に上げ手を返し刀を水平とす。

「左（右）片手上段構初め」一手にて竹刀《しなひ》を持し頭上に上げ竹刀を斜《なゝめ》とす。

第十四節　構形體圖解

第一　青眼構

一、敵の左眼《さがん》に刀尖を着けるのは敵の氣合《きあひ》を釣り込み又壓するの要訣《ようけつ》なり又之の姿勢によりて敵との相當の間を取り敵の動靜《どうせい》を見る又自個の氣を落《お》ち着《つ》け敵の業に應《おう》ずることを得或は敵の隙《すき》に對しては直《たゞ》ちに攻撃《こうげき》を施す體勢なりとす而して刀尖《とうせん》を敵の左眼に着《つ》けるは前中心線よりや〻左《さ》側面《そくめん》に外し敵の動靜を眞直《まつすぐ》に見るにあり正眼に構《かま》ゆるを太刀生れと云ふ。而《しか》して此の構は自ら右にて攻《せ》め左を守り以《もつ》て虚實動靜を定め隙《すき》を打つと云ふ體勢なり故に構の竹刀を徒らに振り或は構を崩すときは

氣自ら騷ぎ虚實動靜を見定めること能はざるなり

二、青眼の刀尖を眞直《まつすぐ》即ち敵の前中心線に着けるは攻勢《こうせい》を失ふ故に敵に對する活動自ら減殺《げんさつ》するなり而して刀尖を下げ眞直《まつすぐ》にするときは右手《めて》伸張し活動するの力弱《ちからよわ》くし又上に屈する時は刀尖《とうせん》高くし甲手《こて》に隙を生じ遂には敵の刺擊《しげき》に應じ或は機に變ずること能《あた》はざるに至るなり。

第二　中段構

中段は正眼《せいがん》より竹刀を下に下し腹部《ふくぶ》に竹刀水平にしたる形狀《ひいじよう》なり、敵の刺擊せんとする情慾《じようよく》を切り拂ふ勢體なりとす、去《さ》れば正眼構の手を下して胸部《きようぶ》に刀尖を附け中段《ちうだん》となる時は神經覺官《しんけいかくくわん》の働きを之れに集め體位崩れ且敵の意圖《ゐと》恍然《こうぜん》として顯れ變化の際容易《ようゐ》に應じ且刺擊して制《せい》することを得べし。

青眼及中段構は其の有利《ゆうり》殆んど究極する所なしと雖《いへど》も一定の條件は整然必存し以て相互《そうご》　共通の

定型姿勢及動作を來《き》たさしむ、而して體位は直立にして尤《もつと》も自由の行動をなす。

第三　下段構

青眼より竹刀を下に落《おと》したる形狀なり之れ隙體《げきたい》なり、去れど應事接物《おうじせつぶつ》の際攻勢狀態となる場合あり、一利一害能く其の機宜《きぎ》に接して誤《あやま》らざらんことを工夫すべし。

第四　右片手上段

右片手上段

左片手上段

下段の構

左右諸手上段

斬擊狀態なり去《さ》れど一擊誤る時は體形崩《くづ》るゝなり、然れども此の上段は其の竹刀を隱《かく》し斬擊變化機敏に行ふときは敵の察知《さつち》するに困難に至らしむるに有利《ゆうり》なるべし。

第五　左片手上段

右片手と要領同じ

第六　左右諸手上段

自然體より左足を前に出《だ》しやゝ半身體《はんしんたい》となり、頭上に竹刀を冠《かむ》りたる體形なり、自然體の儘右足を出し竹刀を頭上に冠りたる體形を右諸手上段とす。

上段となる場合は上げたる兩手は兩肘を左右に開き稍や屈縮すべし、而して此の體勢は一度誤るときは危地に陷るの體勢なり、去れど變形中尤も勢力を滿身に集め、果敢斷行的死生を一途に決するの形狀なりとす。敵此の形勢に對し利害を知る時は不利の體勢なれど

も應ずるの措置《そち》知《し》らざる者に對しては却て有利《ゆうり》に立ち斷行的斬擊を施《ほどこ》すことを得べし。

第七　後上段構へ

敵の甲手又は面る斬擊するに圖の如く體を後に引き敵刀を外して施すの體勢なりとす。

第八　左斜構

左平青眼構

右平青眼構

面《めん》防拂《ふせぎはらひ》の體勢にして刀腹にて受け斜下に拂防《はらひふせ》ぐなり。

第九　右斜構

左斜構の反對の體勢なり

第十　左右平青眼

攻防刺突の體勢なり。

第十一　左右横立構

防拂體勢なり。

第十二　左右横構

斬擊體勢なり。

右横立構

左横立構

左右横構

第十五節　左右霞構

此の形狀は防拂《ふせぎはら》ひの體勢にして、例へば敵面《てきめん》を打ち來る刀を之の體勢《たいせい》にて受ける時左手に稍や力を拔けば敵刀當りて、竹刀は自然《しぜん》六十度の傾斜となり敵刀力を止《や》むる處なく、自己の力にて下部《かぶ》に流れ其の刀を防ぐことを得べし。

第十六節　面斬擊動作

第一　對向間合

刺擊する時は必らず、彼我施し易き間合を取るべし、而して敵に對する間は刀尖交叉の處にして、凡そ七尺餘の距離とす、對向間合より斬擊を施すなり、距離は刀尖の圖の如く離し靑眼にて位置を取るべし。

第二　斬擊と腹

斬擊するには兩手の伸張《しんちやう》と同時に腹を前方に出し、上體は稍や捻《ひね》り、右體を稍や前方《ぜんはう》に伸ばし斬擊後直ちに元に復すべし。

第三　斬擊と氣力

右霞構　左霞構

構備動作

第一　發聲

斬擊刺突する時必らず個所の名を發すべし、而して發聲は、一名掛聲と謂ふ發聲は臍下丹田より湧發するものならざるべからず、而して發聲は卑劣なる野次的のものは絕對に發すべからず、野次的とは面ンダーア面はドーウダ等なり面は如何降參しませんかに至りては尤も劣等野卑の極なり、言語的發聲は氣拔けし、其の正心を失ふ而已ならず失禮なり、故に左に列記したる各名稱を簡單明瞭に發聲し氣力の弛みなく、且禮を失することなきを要とす。

一、面　二、甲手　三、胴　四、突き

第二、氣　力

發聲は最初簡單《かんたん》なれども漸次進退する間《ま》に其の氣勢餘りて發聲となりて交《まじ》ゆるなり、而して發聲は散逸したる氣を一途《と》に集め、自ら氣力充實し感受的《かんじゆてき》に剛氣を誘導し、又は凝結的精神を興起《こうき》するの一要事なり、即ち發聲は自然剛氣奮發《ごうきふんはつ》し氣力全身に滿ち勇壯快活《ゆうそうくわいかつ》なる働きを爲すものなり、又音響は敵の注意《ちうい》を散亂せしめ、又意思と術と混合《こんごう》一體となるべし、進んでは敵の音響《おんけふ》により其の意圖を察知する自己の感受的《かんじゆてき》利益となるべし、而して發聲は全身《ぜんしん》の氣力を奮興《ふんこう》せしむるものなれば、肉體は外由力に對し強烈なる抵抗力增大《ていこうりよくぞうだい》し、道具外れの一本位痛痒《つうよう》を感ずるものにあらざるなり。

第四　斬撃と竹刀

斬撃するの竹刀は絃《つる》を上にし刄の方にて打つべし、而《しか》して斬撃の正確は中結《なかゆはひ》より先きの處にて斬撃するものとす、此以外の處にて斬撃するは不確實なりとす。

第十七節　眼の視線

互に對向して構たる時は、第一姿勢《しせい》、第二眼の定着とす、眼《め》の定着する處に竹刀の活動《かつどう》を見るなり、圖の如く一直線《ちよくせん》を凝視す、其凝視《ぎやうし》によりて正確なる竹刀の働《はたら》きとなるべし、即ち竹刀と凝視一致す、而して敵の活動變化《かつどうへんくわ》の現象を窺知するは、即ち眼の定着に外ならず、圖解《づかい》を見よ、對敵行動は敵の動靜を察知《さつち》すること肝要《かんえう》とす、察知して應變自由《おうへんじゆう》なり、故に以上の定着には敵構及び動作鮮明にして敵の變形によりて適切《てきせつ》に業を施すことを得べし

而して眼は氣《き》により誤《あやま》ること多しと雖も刀尖變化即ち形狀變化《けいぜうへんげ》によりて誤らしむるを得《う》べし、例へば左の圖の如く青眼《せいがん》より中段の間に變化する時は其の象《かたち》の記憶重復し活動狀態を察知《さつち》する力を失ふ視力失《しりよくうしな》ふ時に刺擊して必らず敵を制することを得るなりとす。

既に說明《せつめい》したる如く眼は直線《ちよくせん》に刀を敵の左眼に附着するは即ち敵眼《てきがん》の一焦點に瞳を定め、敵の變化《へんげ》に直ちに攻擊し又發の前中心《ぜんちうせん》を衝きて其の視覺《しかく》を勞らしむるにあるなり、尚左に視力《しりよく》と活動の關係を說明し之れを應用《おうよう》なさしむ。

一直線内には構動作を視ることを得べし故に敵の動靜を察知することを得るなりとす

刀尖變化の圖

一、彼我の間合は八尺の距離を取り敵の全體を凝視すべし。
二、接近又は敵の動作する時は瞳置かざるを要す。
三、自己の活動は瞳動かず行動すぷし。

第十八節　正面斬擊

斬擊の注意

一、斬擊したる竹刀は中結の處より先にて絃を上に向け絃なき方にて打つべし。
二、手足一致にして眞直の姿勢は崩さゞるべからず。

『其場面を打て』　構へより上段となり一、二圖の如く正面を打つ。二。
『正面に打ち込め』　其形上段となる、一、右より送足にて進み出で正面を打つ二。
『打ち込み進め』　前の要領にて打込み進む。
『打ち込み退れ』　同く打ち込み退る。足踏みは左足より退り右足を送る。

（上段に取る要領）

上段は斬擊する勢體《せいたい》の始めにして之れを打ち方の基礎《きそ》とす。上段に取るは全身伸び、呼吸自然《こきゆうしぜん》に下腹に調へために氣力換起《きりよくくかんき》し行進は氣合的となるべし、最初《さいしよ》の斬擊は上段より動作するを正確とするにあり。

同上

右面の打ち

第十九節　横面斬撃

前に圖解したる上段《ぜうだん》より兩拳を斜に返し斬撃す、拳返しは正刄《せいは》を向け斬撃するにあり。

『右面を打て』上段より斜直下に打込む。

『打ち込み進め』同上。

『左面を打て』上段より打込む。

『打ち込み進め』同上。

受け方、刀尖を僅かに右に外し、斬撃せしめ、打ち方正確に斬撃すべし。

左面の打ち

第二十節　左右面斬撃及體當

（一名打ち込み）

左右面斬撃を『切《き》り返し』又は打ち込みと云《い》ふ、此の練習は、身體の動作の自由《じゆう》及手足動作の一致を完全《くわんぜん》にせしむるなり、體當りは體力を養成《やうせい》し姿勢を正確にせしむるの練習《れんしう》にして、何れも活動の基礎練習とす。左の演習法を實施すべし。

『左右に打込め』　横面斬撃の如く其場にて上段より左右交互に打つべし。

『打ち込み正面を打て』　左右打ち込み十回十一回目にて上段より進出と共に正面を打つべし。

『打ち込み體當り』　左右横面を其場にて打ち正面に打ち込み直ちに敵の體に當るべし。

（打ち込みの注意）

打ち込みは最初《さいしよ》は上段より（一、二）又は（面）と發聲《はつせい》して緩除に拳返しによりて動作し、漸次敏捷に打ち込《こ》むべし。而して足踏《あしぶ》みは、構の足踏みなれども最初の内直立の足を同一に横《よこ》に開き其場にて打ち込み、漸次《ぜんじ》自然體の足踏みに依《よ》りて打ち込《こ》むべし。

體當り要領

一、當る方法

正面を斬撃し其の手を腹部《ふくぶ》に當て手と下腹の力は腰《こし》の力によりて敵の下腹を目標《もくへう》として、其の目標を上に突《つ》き上げる如く當

る。下より上に突《つ》き上ぐる如くするは、體を稍や下に落《おと》し、敵體を手と腹の力にて上に突《つ》き上ぐる如くす。最初《さいしょ》の内は、以上の要領實施は困難《こんなん》なるが故に、上體を敵上體を目標《もくへう》として體當りをなし自然正確なる目標に當《あた》るべし。體當の場合に頭を前に出《だ》し、又は兩手のみ伸ばし、敵體を押すは體當りにあらず要領に注意すべし。

第二十一節　斜構横面斬撃

青眼即ち構備自然體《こうびしぜんたい》より圖の如き斜構へとなりて右面《みぎめん》を打つべし。

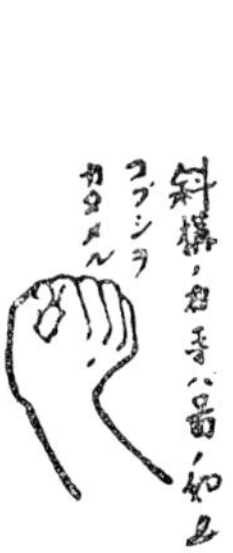

斜構

「面右を打て」　斜構より進出と共に右面を打つべし。

「打ち込み進め」　斜構より充分進出して打つべし。

「打ち込み退れ」　退りつゝ打つべし。

斜構

第二十二節　摺り上げ正面斬撃

「摺り上げ正面を打て」　間合の刀尖を稍や下部に變化を示し瞬時敵の竹刀に摺り込み進出と同時

に正面を打つべし。
『打ち込み進め』右要領にて打ち進む。

第二十三節　甲手斬撃

『其場甲手を打て』上段より其場にて甲手を打つ。
『打ち込み進め』上段より進み出で甲手を打つべし
『打ち込み退れ』上段より退き甲手を打つべし。
『構へ籠手を打て』間合の刀尖を斜左に變化し、甲手を打つ。
『摺り上げ甲手を打て』中段より竹刀を摺り上げ甲手を打つ。
『斜構甲手を打て』斜構より甲手を打つべし。
『抜き甲手を打て』間合より刀尖を左に潜らせ青眼の籠手を打つべし。

甲手斬撃したる圖

第二十四節　右胴斬擊

「右胴を打て」　斬擊の要領によりて實施すべし。

第一圖　斬擊の手返し

斬擊の要領

構備の兩手を第一圖の如く左脇構とす。之れを「手を返せ」と謂ふ、返す時は右拳は二の腕《うで》に當て左手拳は稍や緩《ゆる》く右肘を前とし兩二腕を交叉《こうさ》す而して第二圖斬擊に移る。斬擊《ざんげき》の時は右手を體前に伸張《しんてう》し左手は復部脇に引き、兩拳の握《にぎ》りを緊めるなり、返し手の竹刀は斜《ななめ》にして斬擊は水平になすべし。

「打ち込み進め」

「打ち込み退れ」

第二十五節　左胴斬擊

「左胴を打て」

第二圖　右胴斬撃の圖

左胴斬撃の圖

斬撃の要領

間合より兩手を腕部《きやうぶ》に上げ右手を右に返し、握りを絞《し》め左手は構の儘とし、其の形狀《けいじやう》より兩手を前に伸し竹刀を水平として斬撃すべし。

「打ち込み進め」

「打ち込み退れ」

胴斬撃の手返《てがへ》しは最初困難なれば二擧動にて練習《れんしう》し自然動作慣れるに從ひ一擧動《きよどう》に行ふべし。

第二十六節　左右片手面斬撃

「左片手、面を打て」

右片手面の斬撃圖

左片手面の斬撃圖

間合より上段となり左足《ひだりあし》を前方に踏み込み體を左半身とし、同時《どうじ》に上段の左手一手を斜に返して右横面を打つべし。

『右片手、面を打て』

間合より右足を踏《ふ》み込み右半身となり頭上《ずじやう》の右手一手を返し左横面を打つべし。

『打ち込み進め』　左面の要領を進みつゝ施す。

『打ち込み退れ』　同く退る。

注意　片手面斬撃《かたてめんざんげき》は拳を充分緊め正確なるを要《えう》とす、而して斬撃したる場合《ばあひ》離《はな》れたる片手は必ず腰に當て、體より離さざることにすべし。

第二十七節　刺突動作

第一　諸手突き

『前より突け』　構備の兩手はやゝ眞直に伸張し刀尖交叉の儘敵の咽喉を突くべし。

『裏より突け』　間合の刀尖を左に變化し左側面より突くべし。

『摺り込み突け』 構へより敵の刀腹を斜下に摺り込み眞直に突くべし。

『突け進め』 前より突けの要領にて突き進む。

諸手突きの圖

『左右に突け』 左右に進み突く。

左片手突きの圖

第二　片手突き

片手突きの號令は諸手突の號令の頭に「(左)片手」を加へて掛くべし。而して摺り込みは敵の鍔際を摺り込むべきものとす。又片手突きは手の働き正確より脱出し易きものなれば拳を内へ押し入れ、握りを充分緊めることに注意すべし。

第九章　連續動作

第一節　要領

動作に大小の變化なきものは趣味なし。故に此章に於て其の趣味を換起すべく變化の動作をなさしむ。之を連續動作と云ふ。而《しか》して動作は敵の構に向つて一氣《き》に數回刺擊を續けて行《おこな》ふなり。即ち呼吸充實

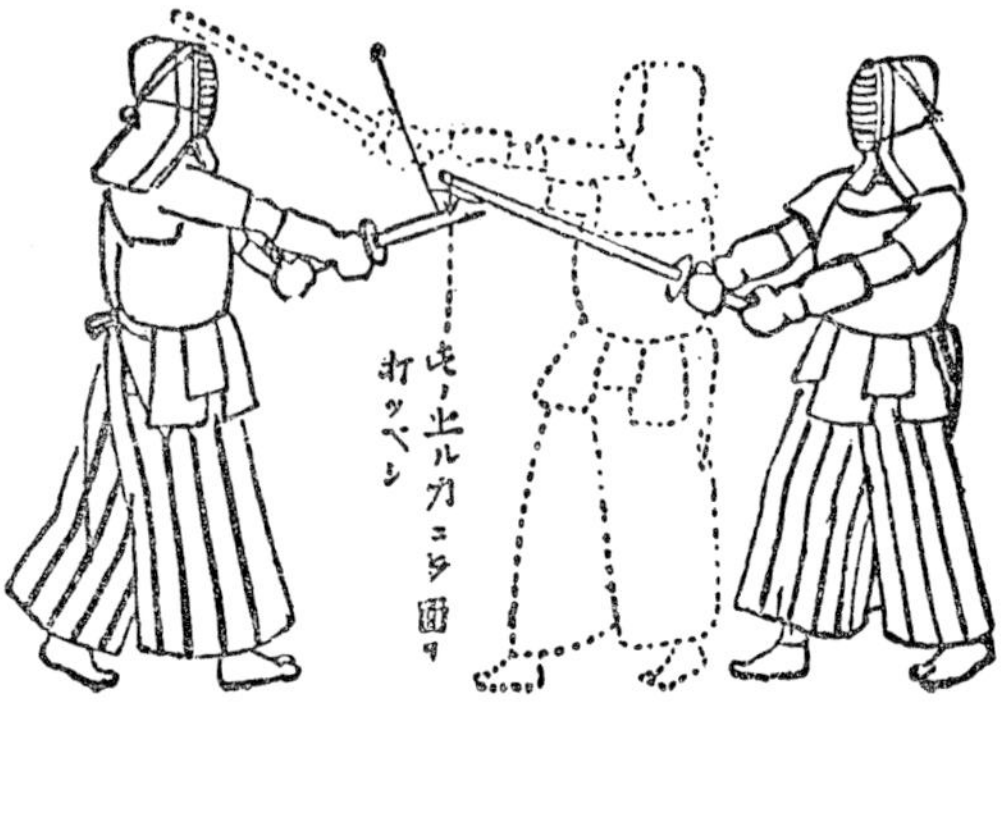

第二十一節の圖

して拔けざる間數回動作するにあり、譬《たと》へば面より甲手を打ち甲手より面を打《う》つが如し、故に動作は氣勢の充實と强剛《きようごう》なる劍尖を以て、一瞬時に間斷なく刺擊を施《ほどこ》すなり、彼の變現出沒に活動《かつどう》するは、此の一氣の連續動作《れんぞくどうさ》の練習の結果に外ならざるなり、動作は自然敵の變形を窺知《きち》することを養ひ、且つ其變形に應じ適切《てきせつ》なる刺擊することを修練すべし、左の敵の狀勢《じようせい》を應用し連續動作を實施すべし。

一、構の刀を上げたる時左の刺擊連續を施《ほどこ》すべし。

　甲手、面、突《つ》き

二、敵の氣拔けたる瞬時《しゆんじ》の形狀窺知。

　防拂及び蹲踞《そんちよ》する態度

三、防拂《ぼうふつ》による變形の窺知。

　防拂して何れに隙《すき》を生ずるかを窺知するは防拂したる時《とき》は多く其の防拂したる力の反對《はんたい》なりと知るべし。

四、構形及變形を固執《こしつ》する瞬時。

連續作用

刺擊を躊躇する動作の窺知《きち》。

以上の狀態《じやうたい》は氣迷ひより生ずるものなれば、此隙《このすき》に向つて刺擊を連續動作に依つて徹底的に敵を制すべし、之れ敵《てき》の隙を窺知し刺擊を捷徑に施すの練習《れんしう》なりとす。

第二節　動作の演習

第一　二段變化　動作は敵の構《かまへ》に向つて漸次捷徑に施すを要《よう》す。

「甲手《こて》より正面を打《う》て」　摺り込み甲手より摺り込み面《めん》を打つ。

「進出動作」

「正面を打ち込め」　正面《しやうめん》を數回打ち込《こ》む。

「同上」

「甲手より右胴を打て」　甲手を打《う》ち右斜《みぎなゝめ》に體を變じ右胴《みぎどう》を打つ。

「同上」

「甲手《こて》より前へ突け」　甲手を打《う》ち其儘《そのまゝ》眞直《まつすぐ》に突く。

「同上」

「前突正面を打て」 摺《す》り込み突摺り込み面を打《う》つ。

「同上」

「前突甲手を打て」 前《まへ》に突き敵の退《さが》るを進んで甲手を打《う》つ。

「同上」

「正面より甲手を打て」 摺《す》り込み面に進出《しんしゆつ》して打ち退却甲手を打《う》つ。

「左面より右胴《みぎどう》を打《う》て」 間合より左面に摺《す》り込み打ち退却胴を打《う》つ。

「左面より左片手横面を打て」 左面《ひだりめん》を打ち右手を離《はな》し右足を引き左片手横面を打《う》つ。

「斜構甲手より右面を打て」 斜構より甲手《こて》を打ち直に斜構より右面を打つ。二段打ちは正確《せいかく》なるを要とし、自然徑捷に練習《れんしう》すべし。

第二　三段變化

「籠手より正面退小手を打《う》て」 一の打込みは前掛《まへか》り體にて足踏みなく、打ち二の打込み動作《どうさ》は追足にて進《す》み其の業を施《ほどこ》すなり。

「小手より正面退右胴を打て」

「拂へ前突正面を打て」

「拂へ前突（左）右胴《みぎどう》を打て」

「拂《はら》へ前突退甲手を打て」

「拂へ正面退右胴《どう》を打て」

「甲手《こて》より正面退右胴を打て」

「前突甲手正面を打て」

「甲手より正面斜右面を打て」

以上の動作は應用《おうよう》によりて敵の隙體に施すことを習熟《しうじゆく》すべし。」

第十章　防拂動作

第一節　要領

防拂とは敵の攻撃及刺突を防《ふせ》ぐの術なり、自己の攻撃のみに習熟《しうじゆく》して自己を防禦《ぼうぎよ》することを知らざるは恰《あたか》も敵の攻撃するを知《し》らざるが如し、故に防拂の術《すべ》なきもの敵に先《さき》んじられ猛撃せらるゝ時は其處置に窮《きう》し、遂には恐怖《きようふ》を感じ狼狽し躊躇《ちうちよ》するに至るなり、是れ當然の理《り》と謂ふべし、之れ防拂することを知らざるが所以《ゆえん》なり、攻中に守ありとは兵法の奧儀《おくぎ》なり、須らく記憶すべし、防拂《ぼうふつ》は其後を全ふするの法にして、攻撃《こうげき》は其機を失はず先に制《せい》するの法なり、故に後を全《まつと》ふする防拂を修業すべし、防拂は既《すで》に云ふ敵の攻撃猛烈なるを防《ふせ》ぐの威力にして、即ち敵の如何なる猛烈《もうれつ》なる攻撃をも防ぎ破り、敵の意圖《いと》を誤らしめ我が刺撃をするに容易《ようゐ》なる機を反對に奪ふなりとす、彼我《ひが》相對し虚實變化の巧妙《こうみよう》なる業の元に彼れの先の攻撃を制《せい》するは實に防拂によるにありとす。而《しか》して防拂は要領を徐々《じよ〳〵》に練習し後相對立し相手の任意《にんゐ》に刺撃するを察知し以て防拂することを習熟《しうじゆく》すべし、左に防拂の動作《どうさ》を説明し實施《じつし》を容易ならしむ

第二節　防拂の力

防拂の力は圖《づ》の如《ごと》く青眼より稍《や》や手を上げ左右斜又は下に半圓即ち曲線を畫きたる竹刀《しなひ》の働きに

より敵の刺撃《しげき》する竹刀の中間に於《おい》て合し、其刀勢を斜又は下に拂《はら》ひたる力を云ふ、練習するに左《さ》の各項《かくこう》に注意すべし。

一、竹刀の刀腹は力尤《もつと》も弱き處なれば之れを防拂すべし

二、圓形の各點は兩手の定《さだ》めにして其定めより拳《こぶし》を返し竹刀に上より下又は下より上に曲線《きよくせん》を畫きて敵刀《てきとう》を斜下或は斜上に防拂すべし

三、防拂は敵の刺撃の力《ちから》と我防ぐ力と合致《がつち》するを要とす。

四、防拂の力を二種《しゆ》に別ち利用《りよう》すること得《う》、一つは防ぎ一つは拂《はら》ひなり、防《ふせ》ぎ或は拂ふ力を別《わか》つときは刺撃を連續的に施《ほどこ》すべし。

五、防拂のみの練習には防拂したる後は青眼《せいがん》に復すべし。

防拂の圖

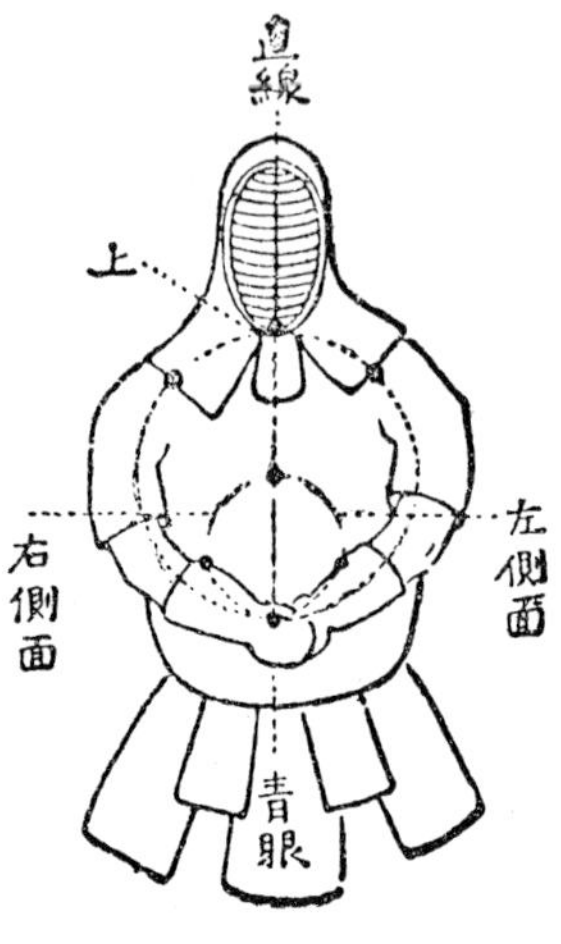

第三節　面の防拂演習

「正面を防げ」　構より兩手《りようて》を斜に上げ拳を稍や返し竹刀を斜とし、右斜構となる敵《てき》の刀を中結にて防《ふせ》ぎ（一）右斜下に拂《はら》ふなり（二）元に復《ふく》す。

正面防拂

甲手防拂

正晴の屈縮よりなる右曲線を畫く

正面防拂の要領《ようりよう》にて以下各項の防拂を演習《えんしゆう》すべし。

「右面を防げ」右斜構にて防《ふせ》ぐ。

「左面を防げ」左斜構にて防《ふせ》ぐ。

第四節　甲手の防拂

「甲手を防げ」青眼《せいがん》より刀尖を高《たか》くし黒線の半圓を畫きて防拂す。

第五節　突きの防拂

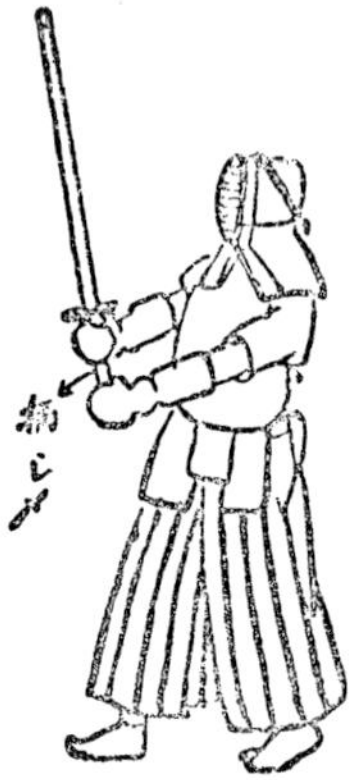

「突きを防げ」　圖《づ》の如く斜構へとし右側面と左側面に半圓《はんゑん》を畫《ゑが》き拂ひ防ぐべし。

第六節　左（右）胴の防拂

「左（右）胴《どう》を防げ」

刀を竪とし栖《つか》又は刀腹にて防《ふせ》ぐ、此時兩手は青眼の兩手を其儘《そのまゝ》右又は（左）側面に伸ばすべし

以上《ゐじよう》の防拂の要領を會得《えとく》し、尚ほ應用によりて防拂を行《おこな》ふべし。

「右胴を拂へ」

「巻き落し防げ」

「左右の横面を防《ふせ》げ」　竪《たて》にして防げ。

「打《う》ち込みを防《ふせ》げ」　同上

「前突を防げ」

「摺《す》り込《こ》み面、甲手、突を防げ」

「胴を打ち落し防げ」

「甲手面を防げ」連續《れんぞく》打ちを防ぐ。
「甲手突を防げ」同上。
「面胴を防げ」同上。
「横面胴を防げ」同上。
「上段《じやうだん》打ち込みを防げ」甲手防拂の狀態《じやうたい》にて。
「斜打ち込みを防げ」同上。
「表（裏）突きを防げ」

第十一章　變擊動作

第一節　要領

此の動作は前述《ぜんじゆつ》の連續動作とは意義《ゐぎ》を異にし、攻擊、防拂、刺擊、彼我臨機應變《りんきおうへん》各業を連續的に施すなり、即《すなは》ち敵に應じ或は變じ繼續的《けいぞくてき》敵の處作に對し適切《てきせつ》なる業を施す是れ變擊と云ふ。

第二節　敵の正構中心を崩すべし

相互對向して攻擊を爲《な》すには敵の變化の現象《げんしやう》を察知し、敵の中心を崩《くづ》したる時に行ふべきことに留意すべし。

一、敵の變化現象《へんくわげんしやう》

敵の變化現象は即ち我が活動變化《くわつどうへんくわ》に起る、之れ敵の中心を崩したるなり、崩したる形狀は正構より兩手《りやうて》を下に伸ばし、或《あるひ》は上に屈折し、左右斜に竹刀を寄《よ》せたる時、即ち正構を崩したる處にして形體の中心を失《うしな》ひ崩したる變形なりとす、其の崩れたる變體《へんたい》は刺擊を容易に施すことを得《う》べし。

二、敵の構體の中心

敵の構體の正眼構にして全體《ぜんたい》の中心も定《さだ》まり是れを以て對抗する時は尤も強《つよ》き體勢にして即ち對照點と云ふ、而《しか》して其の強き中心點を崩さゞる時《とき》は敵に應ずること自由《じゆう》とし、又刺擊し來たる共直ちに防拂し得るなり、故《ゆゑ》に敵の中心の構刀を崩し、敵の活動《くわつどう》を壓倒し以て刺擊を施《ほどこ》すべし、中心を崩すは第一圖の如《ごと》く左眼より胸部の黑線に上下《じやうげ》に刀尖を變化し、其の變化によりて中樞神經《ちうすうしんけい》に衝動波及を起さしめ我が變化《へんくわ》刀に應ぜしめ、其の體を斜に崩し刺撃を速力《そくりよく》に相繼ぎて施すなり、刀の變化は構形の變化にして手元《てもと》一厘の動《うご》きは刀尖一尺の動《うご》きとなり、此の動きは敵の眼《め》に移《うつ》る時手元の動きと非常の差《さ》を生ずる故に手元《てもと》僅《わづ》かに動きて敵に應ずること、我より大なる差異《さゐ》を生ず、其

第一圖　刀尖變動線

第二圖

（正體復活方法）

右足を中心とし左足を曲線に反對の方向に廻すれば正確なる體に復す

の敵氣動くもの、其《そ》の形は即ち變じ中心《ちうしん》を崩したる時にして變撃自由《へんげきじゆう》たらしむるなり。

三、體勢の復活

刺撃を施し敵體《てきたい》に衝突し體重心前に掛《か》り崩れんとする時は、變撃するの力《ちから》を失ふなれば第二圖の如く右足に重心を置《お》き、左足を圖《ず》の如く後方に轉じ反對の方向《ほうこう》に向き直り元の構に復すべし。

第三節　敵を破る方法

第一、攻勢による變撃

見よ勝敗《しようはい》に臨みて勝利を得《え》んとするは人の常情なり、互に進取的刺撃を行《おこな》ひ、尙ほ進みては敵の刺撃を防ぎて刺撃せんとす。即《すなは》ち最後迄も勝利者たらんとするにあり、變撃の最初《さいしよ》の練習として左に列記したる進取的練習《しんしゆてきれんしう》をなすべし。

一、攻勢狀態にて敵變形《てきへんけい》に刺撃すべし

我れ攻め敵の臨機應變《りんきおうへん》に對し適切に業を施《ほどこ》すなり、即ち攻め敵の劍勢崩れたる時に於《おい》て刺撃せざれば無爲《むゐ》に終らん、故に敵の防拂、或は之れに應《おう》ぜんとする變時に刺撃する事を練習《れんしう》し、進取的氣象の動作を蓄《やしな》ふべし、而して漸次《ぜんじ》次ぎの各項に移り變擊の捷徑《せうけい》と機宜を誤《あやま》らざることを習練すべし。

第二、防拂による變擊

一、敵の攻擊《こうげき》を防ぎ刺擊の連續《れんぞく》

二、攻勢を攻め返《かへ》す變形に斬擊《ざんげき》する連續

三、刺突防拂攻擊の連續《れんぞく》

以上の如《ごと》く敵防拂したる處作《しよさ》に對し後の先を制す、即《すなは》ち防拂するとき防拂せんとするときは、敵の精神統一を散逸《さんいつ》し、其の實力を殺《そ》ぎ、其猛氣を破《やぶ》り以て活動をして苦境《くきやう》に陷らしむ、其躊躇《ちうちよ》する隙に乘じ、遲疑逡巡《ちぎしゆんじゆん》する虛なく、刺擊に變じ敵を制《せい》するなり、動作の練習は最初《さいしよ》圖の如く對向したる處より徐々《じよく》に要領によりて練習し、更《さら》に進んで進退《しんたい》の間機宜に從て應變し、其技を修業《しうげふ》すべし。機宜應變其技を習練する時《とき》は考へつゝ動作すべからず一氣《き》に施すべし、一氣に施すときは防《ふせ》ぎたる咄嗟の間思ふ處直ちに刺擊《しげき》す。又攻め敵は之れに應《おう》ずるの透間なく電光石火《でんこうせつくわ》敵を刺擊す、斯《かく》の如く考へる餘地《よち》なく思《おも》ふ一氣に連續す。此變化《へんくわ》する時は敵をして術略作戰企畫を誤《あやま》らしめ躊躇狼狽するに至らしむ。因《まつ》て其隙を制するを得《う》べし、試合に於ける一合《ごう》一離《り》の進退に於て決死的爭奪戰は、此先を制し或は後の先を制《せい》するも、變撃を巧妙《こうみよう》に施すべきなり、所謂《いはゆる》此の攻め防拂刺撃等の連續的變化に精熟《せいじゆく》し一途の心により變撃《へんげき》せば敵の氣力《きりよく》を破り、其の術策《じゆつさく》は盡きて遂に剛氣《ごうき》を挫《くぢ》き力は拔けて終に畏縮するに至《いた》るなり、玆《こゝ》に於て決死的爭奪戰は從容《しようよう》として其の機宜《きぎ》に應じ、又敵の襲來《しうらい》の右より來るも左より來るも敢《あえ》て恐るゝことなく虚心平氣《きよしんへいき》に敵に應じ、造次顚沛も心體《しんたい》は常時安心立命の境地《きようち》に在りて敵の策略計畫《さくりやくけいかく》を窺知し、斬撃狀態《ざんげきじようたい》より敵の乘じ來る隙《すき》もなく刺撃に變《へん》ずることを得、或《あるひ》は敵の刺撃を外《はず》し或は拂ひ敵の作戰活動を誤《あやま》らしめ以て勝《かち》を制するを得べし。尚《な》ほ左に敵の行動に對《たい》し變撃《へんげき》することを說明《せつめい》し、之れを實施《じつし》せしむ。

一、構敵の兩手を伸《の》ばしたる變形
二、敵《てき》の構刀を竪立として上《あ》げたる變形
三、敵の構刀左右斜にしたる變形《へんけい》
四、敵《てき》の防拂せずとする變形
五、敵の刺撃より崩《くづ》れたる變形

第四節　敵構に刺撃の演習

敵に刀尖交叉《とうせんこうさ》より刺撃を施すは極《こわ》めて敏捷《びんせう》なる刀尖變化によりて正確とす、即ち構刀を下《しな》の反動《はんどう》より刺撃に變ずるなり、而《しか》して接觸《せつしよく》したる時《とき》は斜に刀を外《はつ》し刺撃をなす、故《ゆゑ》に左の各項《かくこう》によりて練習《れんしう》すべし。

一、變刀尖化《へんとうせんくわ》して刺撃をなすべし。

『甲手より面胴《めんどう》を打て』　甲手より正面を打つ時《とき》は敵是れを防《ふせ》ぎ竹刀を上げるなり、故《ゆへ》に三にて右胴を打《う》つ。

『甲手より右胴《みぎどう》を打て』　甲手を打ち直《たゞ》ちに斜構に進《す》む敵面を防《ふせ》がんとする故に右胴を打《う》つ。

二、敵《てき》に接近《せつきん》して鍔競《つばぜ》り合《あ》ひより刺撃すべし。

『刀《かたな》を斜外し正面を打て』　斜左《なゝめひだり》に竹刀を外し退却《たいきやく》しつゝ竹刀を頭上《ずじよう》に取りて正面を打《う》つ。

『刀を斜外し右胴《みぎどう》を打て』　同上右刀を打つ。

以上《ゐじよう》敵の先《さき》を制する即《すなは》ち先々先の動作《どうさ》なり。

三、後《あと》の先《さき》を取りて刺撃を施《ほどこ》すべし。

『正面防《せうめんふせ》ぎ右胴を打て』　竹刀《しなひ》を斜にして正面の刀を防《ふせ》ぎ其の儘《まゝ》手を返《かへ》して右胴を打つ。

「甲手を防《ふせ》ぎ甲手を打て」
「右（左）胴《どう》を防ぎ正面を打て」
「甲手を防《ふせ》ぎ突《つ》け」

第五節　方圓三角

人、刀を採《と》りて死活《しくわつ》の境に臨《のぞ》むは其心を強固《きやうこ》にし、且氣力充實《かつきりよくじうじつ》ならざるべからず、即ち方圓《はうゑん》は心の強固にして萬事《はんじ》に及《およ》ぶ、三角は鋭鋒《えいほう》にして氣の充實《じうじつ》なり、心氣和《しんきわ》して體《からだ》の活動となり、柔《やわらか》にして剛を制するなり、人《ひと》は直立體形をなす

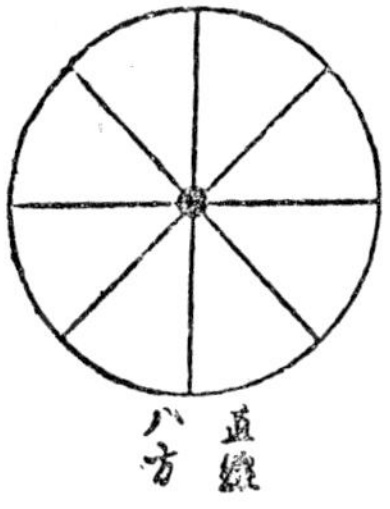

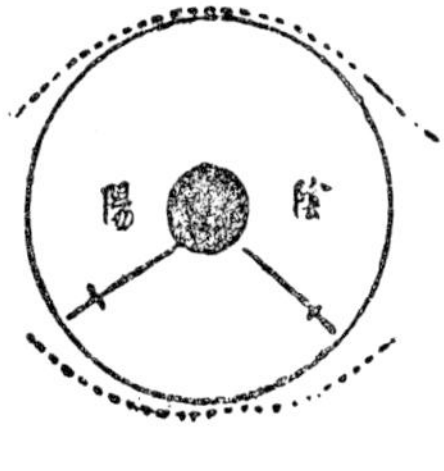

竹刀も亦《また》一直線形を爲《な》す、即《すなは》ち直なるもの正しき規道《きどう》にして之れ人體《じんたい》の活動の本《もと》とし之《こ》れを氣《き》に譬《たと》ふべし、而して直條の八方《はう》に活動《くわつどう》する時は、其の人體《じんたい》の周圍圓形をなし、心《こゝろ》の凝

りなく萬物《はんぶつ》に和するに譬《たと》ふなり、圖解《づくわい》を見よ、各〻の働きは八方向あり、即《すなは》ち眞向斜横の方向是《こ》れなり、所謂直立體《いわゆるちよくりつたい》の兩手を頭上《づじやう》より前に下すものは眞向《まつこう》の一線なり、頭上より斜《なゝめ》に下すもの斜直下なり、又體の脇《わき》より水平線《すゐへいせん》に竹刀を働《はたら》かすもの横なりとす、此の活動一直線《ちよくせん》なり、此《こ》の各直線を合して自由の働《はたら》きをなすものは心の和《わ》にして一方に偏寄《へんき》せざるなり、之れ自在なる活動《くわつどう》をなして而かも其の正規《せいき》を失《うしな》はざらしむるなり、此の活動《くわつどう》にして初めて至大至剛電光石火《しだいしごうでんこうせつくわ》の働きを爲《な》すを得べし、是れ大小速輕《だいせうそくけい》にして圖の妙用《みようよう》なり、自然の理《り》と云ふべし、而《しか》して互に對向したる形狀《けいじよう》は之を陰陽兩性に別つ、萬象《ばんしよう》は此の氣の消長《せうちよう》に依りて戰ひを生ず、陰陽《いんよう》の動かず起らざるは不戰《ふせん》なり、圖を取り青眼中段と形變ずるは即《すなは》ち氣の別《わか》れたるものにして又打《またう》たん防がんとする相互《そうご》の氣の別るゝは其の性の戰《たゝかひ》の狀態に入れるなり、故《ゆへ》に刺撃防拂の動作《どうさ》を爲すなり、兩性《りやうせい》の發動する時《とき》に於て心勞胸底《しんろうけふてい》に往來するときは彼我《ひが》となく心《こゝろ》に隙《すき》を生ず、從つて形に隙《すき》を生ず古歌に云ふ

うつるとも水《みず》も思はずうつすとも
月も思《おも》はぬ猿澤の池

即ち月無心《むしん》にして水に映《うつ》り水無心にして月を寫《うつ》す、無念無想《むねんむそう》にして業を施《ほどこ》せば何ぞ能く之に應《おう》ず

るを得ん、去《さ》れば心氣《しんき》を練磨すること斯道《しどう》の至極にして忽緒《こつしよ》に附《ふ》すべからざるなり。

一、心氣《しんき》のこと

一、充氣《じうき》

心は氣《き》によつて活動す故《ゆへ》に一點の隙間《すきま》なきを稱《せう》して氣の充《み》つると云ふ充氣之れを美《び》と謂《い》ふ、充實して光輝《こうき》ある之れを大と謂《い》ふ、大にして之を化《くわ》す、之れを聖《せい》と謂ふ、聖《せい》にして之れを知《し》るべからざるを之を神《かみ》と謂《い》ふ、故《ゆへ》に氣の充てる時《とき》は、千手觀音の如く心一にして千本に渡《わた》るが如く、一劍萬變に應ずるを得べし、之《こ》れ宇宙《うちう》の至大と心と相和《あひわ》したるものなりとす。

二、無心《むしん》

構て靜なるは圓《ゑん》の如く敵の處作《しよさ》に捷徑《せうけい》に應ずるは剛《ごう》なり、即ち勇《ゆう》を內に含《ふく》みて外に顯《あら》はさず、氣合の充《み》つる時、其の鋭鋒《えいほう》を向けて、活動《くわつどう》せしむるなり、變擊に於《お》ける機宜應變《きぎおうへん》に業を施し敵を制《せい》するは以上《いじやう》の心氣を以《もつ》てすべく、須《すべか》らく心氣《しんき》を養ふべし、尙《な》ほ左に氣を缺《か》く瞬時《しゆんじ》敵に乘ずる場合《ばあひ》を說明し以て實施《じつし》せしむ。

一、敵《てき》我が刀に氣《き》を集《あつ》むる時

二、敵《てき》我が刺擊狀態《じやうたい》に氣を集むる時
三、敵刺擊を躊躇《ちうちよ》する時
四、攻勢《こうせい》して其の構《かまへ》を崩《くず》す時、以上の動作は敵氣《てきき》迷《まよ》ふ時なれば一歩先んじ其の透間《すきま》に制すべし、」
又敵先を取り刺擊し來る時は應拂《おうふつ》して以《もつ》て制《せい》すべし。

第六節　刀尖の變化

互に刀尖《とうせん》を合せたる時は氣合《きあひ》の合する時なり、其《そ》の正構變動する時《とき》は氣の動搖《どうよう》する處にして氣動く時は其《そ》の動作《どうさ》及び意《ゐ》も又動くなり、即《すなは》ち合したる刀尖は既《すで》に述べたる如《ごと》く三角形の正構にて合して相互《そうご》の精神の和《わ》したるなり、故《ゆゑ》に我刀尖變化する時《とき》は敵氣動《てききうご》き竹刀變化す、之れを刀尖變化により敵氣動くものと謂《い》ふなり、刀尖動《とうせんうご》く處必らず其の形及《かたちおよ》び氣に隙《すき》を生ずるなり、其の隙の瞬時《しゆんじ》刺擊せば必《かな》らず制するを得《う》べし、而して氣《き》を動かすべき刀尖變化《とうせんへんくわ》は左の圖解《づかい》の如く青眼《せいがん》にて敵刀の交叉したる刀尖を一點として各變化點《かくへんくわてん》に連續すべし。而して、其の一點《てん》より各黑點に變化するときは、變化《へんくわ》したる方向《はうかう》に氣を和するなり、氣和する處《ところ》に竹刀を動かすなり、故《ゆゑ》に竹刀の働きたる瞬時《しゆんじ》敵の前中心線即ち眞直に刺擊《しげき》を施《ほどこ》す時は必ず敵を制《せい》するを得べし。

左の刀尖變化より圖解番號《づかいはんごう》と對比《たいひ》して刺擊を施すべし。

一、青眼《せいがん》　一、二の變刀は攻勢《こうせい》

二、中段《ちうだん》　甲手突き面を施《ほどこ》す。

三、下段《げだん》　突《つ》き正面橫面を施《ほどこ》す。

四、平青眼《ひらせいがん》　敵《てき》の攻勢《こうせい》を外し變化活動す。

五、中段と同じ。

六、青眼と同じ。

以上刀尖を變化したる處を防拂する氣集まるは前述《ぜんじゆつ》の如し、此氣の生《せうず》るもの即ち眼視《がんし》なり、刀尖變化せしむるときは視力《しりよく》の記憶《きおく》は重複して竹刀の活動《くわつどう》視誤《みあやま》る事あり、此に於《おい》て氣動搖す、互《たがひ》に構へて竹刀動《うご》かざる處《ところ》は互に鮮明《せんめい》にして何れの業《わざ》にも應ずることを得《う》、去れど進退《しんたい》の間竹刀變化する時は即ち眼《め》の鮮明《せんめい》を失ひ易し、彼《か》の水車を見よ、數百枚《まい》の板の車も廻轉《かいてん》する時は恰《あたか》も一枚板の廻轉《かいてん》するが如《ごと》なり、刀尖捷徑《とうせんせうけい》の働きを爲《な》す時、竹刀の働《はたら》きの鮮明《せんめい》を失ひ刀尖靜止《とうせんせいし》すれば竹刀明かとなる、

之れ理《り》の當然と云《い》ふべし、去《さ》れど變轉自在《へんてんじざい》なる時は自然《しぜん》に氣を迷《まよ》はすなり、即ち間合《まあひ》の刀尖の變化は敵氣動搖《どうよう》せしむるにありとす、而《しか》して此外上段斜に竹刀を振《ふ》り上《あ》げ接近し敵氣《てきき》を動搖《どうよう》せしむるの業あり、之を斬撃狀態《ざんげきじようたい》にて敵を攻《せ》めんとするにあり、此の斬撃《ざんげき》により敵氣を制《せい》せんとするものは一刀兩斷的に飛《と》び込《こ》み刺撃《しげき》を施す變化の狀態《じようたう》なり、此の方法敢《あへ》て不可《ふか》なしとせず、去《され》ば斬撃狀態は全體の變化《へんくわ》に於て、其の動作が視力《しりよく》に鮮明なれば氣《き》の靜止狀態《せいしじようたい》にて對することを得《う》、又一刀兩斷的の形狀は其の意圖察知《ゐとさつち》せられ易きものにして此の狀態《じようたい》を變化せば敵に計畫《けいくわく》あり、之に應ずべし、譬《たとへ》ば上段に取《と》る時青眼《ときせいがん》に攻めらるゝ時《とき》は敵を容易に打ち込む能《あた》はざるなり、去れば上段攻勢《じようだんこうせい》の變化は敵氣を動搖《どうよう》せしむること極めて少《すく》なしとせず、初心者は上段斜《じようだんなゝめ》の狀態の時、敵の打込《うちこ》まぬ前に防がんことに注意《ちうゐ》す。故《ゆへ》に氣に隙を生《せう》じ却つて打《う》たるゝなり、之れ等は敵《てき》の狀態《じようたい》に氣を動かし竹刀の青眼《せいがん》より上に現れたる狀態《じようたい》にして敵の斬撃形狀《ざんげきけいじよう》に氣を集中《しうちう》したる動きなり、最初者《さいしよしや》は防拂せんとするより敵の上段《じようだん》及斜に上げ斬撃せんとする狀態《じようたい》の時は却て進んで敵に刺撃を施《ほどこ》すことを要《よう》とす。

左の狀態變化《じようたいへんくわ》に對する防禦法を述《の》べんとす。

一、間合《まあひ》より攻撃するとき

青眼刀《せいがんたう》を敵の兩眼の中心鼻の處に刀尖《たうせん》を變化し、兩手を伸ばし攻むべし、尚進《なほす》まんとする時は體を變じ胴《どう》を打ち又は突きを以て其の先《さき》を制するなり、敵攻める間に斬擊《ざんげき》し來る時は頭上《づじやう》に防ぎ刀を返して胴を打ち甲手《こて》を防ぎたる時は突くべし、而《しか》して此の狀態より片手横面を打《う》ち來《く》るときは體を落して逆胴《ぎやくどう》を打《う》つなり。

二、接觸して敵の上段狀態の時

接近《せつきん》して敵の上段狀態の時は其の上段《じやうだん》の兩手を斜《なゝめ》に押へ拂へば防拂するに容易《ようゐ》なり、斬擊するとき上段狀態の起《おこ》り胴を打《う》てば勝を制するを得《う》べし。

以上の業《わざ》を施すこと決して困難《こんなん》にあらず、故に上段狀態によりて氣を變化《へんくわ》し、敵に奪はるゝは實に愚も又《また》甚だしきと謂ふべし。

第七節　調　息

活動の狀態《じやうたい》は氣力なり而して狀態の如何なるを判別するは即ち視力之《しりよくこれ》なり一念一想は凡て眼中《がんちう》に顯はるゝものなるが故《ゆえ》に眼を凝視《ぎようし》して之れを判別《はんべつ》するにあり而して狀態の如何《いかん》は氣力の如何を判別

す、故《ゆへ》に之れ極めて緊切《きんせつ》のことなり然して敵の動靜《どうせい》を判別すれば敵の活動の諸事悉く察知《さつち》し其の隙を制し又自己《じこ》を自ら守ることを得《う》べし、其の察知するの力は生理《せいり》は呼吸の充實によるべし、姿勢正しく息を調《とゝの》ふる時發散したる氣《き》は丹田に集中す故に體勢劍勢共に崩《くづ》れざるなり、息《いき》を引かんとするときは姿勢整はず氣自ら浮《う》き躊躇するの風《ふう》あり、彼の佛法に所謂阿呍《あうん》の呼吸なり阿《あ》とは吐《は》く息呍とは吸ふ息を謂《ゐ》ふなり、靜かに敵の動靜《どうせい》を見よ、呍の息は頭上上り體伸び阿の息は頭上《づじよう》下り體低くなるなり、之れ敵の隙《すき》を判明するの法なり譬《たと》へば敵に對し普通呼吸を以て合したる時は吐《は》く息の時は直ちに吸ひ敵の斬撃《ざんげき》を容易に防ぐなり、然《しか》れども吐く息の時は隙《すき》を生ずるなり、故に刺撃せんとする時は敵の呼吸《こきう》を合し吐く息の瞬時《しゆんじ》刺撃せば敵の防拂するの遑《いとま》なく制するを得べし、我れの百事百法は普通呼吸の下腹《したはら》に充溢したる時生《しやう》ずるものなれば先づ呼吸を唾《つば》と共に吞み込み下腹に調《とゝの》へ全身に滿《みた》すことに力め敵に對すべし、而して滿ちたる體《たい》を以て敵の吐く息を攻撃《こうげき》すべし、下腹の時を拔けたる瞬時《しゆんじ》は全身の活動力消滅《せうめつ》する體にして即ち隙《すき》なり、互に竹刀を合し制せらるるもの阿呍《あうん》の合致する時にして啻《た》だに體力のみを以て見《み》るべきものにあらず、又打つも受《う》けるも敵の氣息によりて應變すれば自然體《しぜんたい》に隙なく敵の阿《あ》の氣を制すること得。

左に阿吽の呼吸《こきう》を行動變化より擧示《きよじ》すべし、行動變化する時は其の瞬時呼吸變化すべきものなれば吽は阿に變化《へんくわ》するものなり、左に列擧《れつきよ》したる時は直に刺擊を施して制《すい》すべし。

一、吽の呼吸

全體を胖《ゆるやか》にし呼吸を唾《づは》と共に呑み口を塞ぎ脊隨《せきずゐ》を伸ばし下腹を靜かに前に出し息を下腹《したはら》に調ふるなり。

二、吽の阿に變化《へんくわ》

左の各項《かくこう》は吽より阿に變化し隙體となるなり。

一、刺擊を外《はつ》されたる時
二、防拂せられたる時
三、起りを押《おさ》へられたる時
四、構及攻制を崩《くつ》されたる時
五、起りを制《せい》せられたる時

第八節　各局部の統一

手脚《てあし》は何れの一方惡くとも全身活動《ぜんしんくわつどう》の用を爲さず又敵に對《たい》する力應ずるに適當《てきたう》なる力を以て全身動作を統《とう》一すべし。

統一的全身

一、兩手の力

兩手は構《かまへ》に於ては左手は自己を守《まも》るものとし右手は敵を制《せい》するものとす、自己を守《まも》るもの本體の中心を失《うしな》ふべからず、若し左手中心を失ふ時は自己を守り或《あるひ》は防ぐこと離かしくして敵に破《やぶ》らるなり、故に左手は圖《づ》の如く前中心體の臍下左に五鎖を離《はな》し定め動かざることにす、玆《こゝ》に於て自己を守る力を得《う》べし、右手は左手の上腹部と平行《へいかう》の處に定め攻擊防拂直《たゞ》ちに應《おう》ずべし若し右手攻擊する主腦《しゆのう》を忘れ自己守らんとすれば必ず體に隙を生ず又左手打たんとすれば手《て》は伸《の》び或は平に送り右手の活動《かつどう》を誤るなり故に各々其の力によりて働きをなすべし、而《しか》して兩手を心に譬《たと》へる時は左手は心にして右手は氣なり、故に應《おう》じ變《へん》ずる時は右手より働き左手《ゆんで》之れに和すべし守る時は左手を主とし右手の力を調和すべし。

二、兩脚の力

右足は前進攻擊するに先《さき》の働きをなす即《すなは》ち敵を踏み潰すの働きにして氣なり左足は自己を守《まも》る働きにして心《こゝろ》に屬す故に敵進擊するとき、左足引くときは旣《すで》に自己の心を破《やぶ》りたるなり、右足進擊せんとする時躊躇《ちうちよ》せんか氣一途の働きを缺《か》き却つて敵より制せらるゝに至《いた》るなり故に前進せんとするときは右足《うそく》より進み其他守る時《とき》は左足に力を入れ右足是れに和《わ》して守るべし、左足守り强《つよ》きときは右足の進擊《しんげき》を容易ならしめ其の機會《きくわい》には直ちに突破し敵を制することを得《う》べし、右足進擊するときは左足《さそく》も自ら之れに一致し進擊の行動《こうどう》一致となす、以上述べたる手脚《てあし》は各々其の働きを異にし而かも其の活動《くわつどう》には其の二つの力を一致し以て活動《くわつどう》することを要とす即ち足の迸出《しんしゆつ》には兩手活動をなす如く同一に力を和《わ》して働くなり、手脚《てあし》一致とは手足同一に或は目的《もくてき》に向つて働くの意味なり、而《しか》して手脚一致の活動中心は身體《しんたい》の臍を中心とし是れに力《ちから》を合するを要とす。（次ぎの全體力を見よ）

三、全體の力

以上述《の》べたる手足の力の活動は體の臍下《へそした》を基礎として一致を見るべきなり、即ち圖《づ》の如し、而して全體の力は手脚の如《ごと》く之れを二分の主要《しゆえう》となし且全體を一致する力を有《ゆう》するなり、二分の力とは即ち變體橫面の斬擊《ざんげき》又は敵體を防《ふせ》ぐ場合の時力を相方に使ふにあり橫面《おうめん》の如きは左又は右手の一手に行ふ業なれば全體自然半身《はんしん》となる働きなり、即ち中心線の右側面右肩の方向《ほうかう》に攻勢したる力なり左側面は守勢《しゆせい》の力なり、故に敵を攻勢するに、敵《てき》の左側面守勢を攻《せ》め敵の攻勢の力を崩《くづ》すにあるなり、此の攻勢は表と云ひ守勢《しすせい》を裏と云ふ、故に左右共に變體《へんたい》なれば行動其の一に偏《へん》せず、兩側面の力中心線に併合《へいごう》し、其の中心より變化《へんくわ》するを要とす、是には右側面は右手足の如く左側面は左手足の如き働《はたら》きにして右は氣體と云ひ左は心體《しんたい》と云ふべし、心氣體合《しんきたいがつ》して即ち力の統一なり、故に各局の力を練習し自然統一《しぜんとう》的の力を以て活動することに習熟《しうじゆく》すべし。

以上全身統一は即ち攻備《こうび》姿勢《しせい》にして其の姿勢より變體《へんたい》をなす、變體は橫面の斬擊及び敵の體當りを外《はづ》し或は左り拂ひ突《つ》き甲手を外し、橫面《よこめん》を斬擊するの體勢《たいせい》にして即ち半身體と云ふ、而《じか》して各變體は正眼構に比《ひ》

全身統一

較して各々獨立《どくりつ》したるものなし、圓滿に攻守の用を爲す體《たい》なりとす。」

第九節　體の移動

刀を防拂するは曲線《きよくせん》によりて防ぎ而して敵體を防ぐは體の移動《いどう》によりて防ぐなり、是の防ぎを外し流し又は受《う》けとも云ふ、各防ぎは敵の目的《もくてき》とする我體の中心を斜《ななめ》、又は横に移動《いどう》するなり。體を移動する處敵刀及び體を外《はづ》し　或は流し又は受《う》けることを得べし、以上の如く防《ふせ》ぐときは敵體は崩《くづ》れ敵刀は刺擊《しげき》したる目的より外れ自然隙《すき》を生ずるなり、殊に體當《たいあた》り又は押し合ひ足搦《あしがら》み等を防ぐには體の移動尤も必要にして、其の移動は變體に足踏《あしぶみ》の方向に移動し敵《てき》の力を我體の中心に受けざる樣《やう》にすべし。（足踏方向は別に說明參照）

右攻勢體　　左守勢體

第十節　體の上伸

構へたる上體は眞直《まつすぐ》にして脊髓を正しく伸張《しんちやう》せしむ。之の伸張によりて全體緩《ゆるや》かとし、又兩足の活動を容易《ようい》ならしむ、足踏みは左足の踵《かかと》を浮べ前に送らんとする狀態《じやうたい》は、此の上伸體に依りて整へるなり、體整《たいととの》ふるが故に兩足捷徑の活動をなすなり、即ち上伸體は兩足の力をして平均《へいきん》とし進退を自由とす、故に左踵は板の間に着《つ》けず、膝關節は自然の屈縮《くつしゆく》により其の膝頭の方向と趾先の方向とを同一にするなり。

以上上伸體により兩足定《さだ》まる時は呼吸は丹田《たんでん》に整ひ全體胖かにし胸は虛《きよ》となり、自然全體緊張して輕く全體及足裏に一種の彈發力《だんはえりよく》を生じて進退活動を敏捷《びんせう》にすることを得べし、最初練習するものは絕へず左踵を着《つ》け又は浮べることを繰《く》り返し行ふ、是れ全身諧《ととの》はざるなり、故に以上の要領により體を伸《の》ばし踵を立てるなり、體足調はざるは心に恐怖迷起《きようふまよひおこ》るなり、殊に左踵を動かす時は體の力に偏寄し、自然體を失《うしな》ひために自己の活動を誤《あやま》るに至るなり、故に上伸體の要領を會得《ゑとく》し其の正を行ふことを得ば全體を正確に保持《ほぢ》し、氣落ち着き構へて敵の術略を察知《さつち》し、以て外由力に對し活動自在たるものとす。

第十一節　體の強弱

敵に對し自由《じゆう》に刺撃するは敵體の弱き時施《ほどこ》すにあり、強弱の體は生理方面よりは呼吸《こきゆう》の充實如何にあるなり、即ち一呼吸を臍下《へそした》に調へたるものは強體なり、即ち充《み》つるときは全體自ら定まり、且つ緩かにして凝《こ》りなく手は伸び、竹刀は正しくして而《し》かも操縦自在にす、故に應變《おうへん》の理法無爲の間間斷なく活動することを得べし、然《しか》れども之れに反し、口を開き呼吸臍下《こきゆうへそした》に調はず、動作せんか體は乱れ氣動搖して活動を拘束《こうそく》す、最初に於て身體は部分的に凝《こ》り其の自由の働きをなさゞるは呼吸調はず、全身に弛《ゆる》みを生ずるがためなりとす、彼の一瞬時《しゆんじ》の勝敗を視るに構へたる體勢《たいせい》は、吐く息のときは下り、吸ふ息の時は伸《の》びるなり、互に呼吸を計り隙を窺《うかが》ひつゝ進退し、氣合同一して竹刀働くやと思ふ一瞬時、何《いづ》れが勝つ之れ合するの瞬時一方息《いき》を引き調へんとする時と充實《じうじつ》したる時の合致して即時《そくじ》充實したる息の不充實の息の體を制《せい》したるなり。

進退變化《しんたいへんくわ》する間此の呼吸を察《さつ》知して業を施すときは、敵を制するに敢《あへ》て難からざるなり。

第十二節　間合

第一　對向と精神

間合《まあひ》にて敵に對《たい》するの心は虚無《きよむ》恬澹の中隙もなく、弛《ゆる》みもなき精神を以て對して、而して形狀變化するときは、應事接物自己《じこ》の勢力を集注し、敵の變化の際遲疑逡巡せず勇往邁進《ゆうわうまいしん》すべし、之の二つの精神によりて活躍自在たるを得るものなり。

第二　敵の虚を衝く

彼我八尺の距離《きより》を取り對したる竹刀の形なり

此の形は同一の力合一にして、虚《きよ》を衝《つ》かんとするの處なり、故に精神《せいしん》に油斷なく正構を優勢なる力を以て敵《てき》の變化を制するの注意周到《しうとう》なるを要とす。

間合より進み或は敵《てき》進入し、彼我《ひが》の間六尺の

對向間合

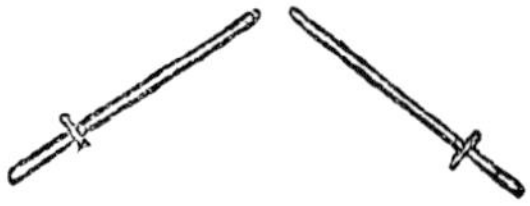

虚實合致

距離に形狀圖の如く變化《へんくわ》する時は、何れか一方上に變化するものは弱《じやく》なり虛なり下に變化するもの强にして優勢《ゆうせい》なり、故に變化の瞬時刺擊せば敵の虛《きよ》を破るを得べし、之れ根本原理《こんぽんげんり》にして總て敵を制するの動作之れによりて行《おこな》ふべし、斬擊の巧拙《こうせつ》は所謂機宜應變形狀の變化の際其の虛を衝く處にあるなり、敵《てき》の虛は變形によりて見ることを得べく、凡《およ》そ左の如き變形なり、刺擊及び攻制する時は其の變形の虛を衝くべし。

一、下段中段上段斜構又は靑眼を崩したる形狀

以上の形狀變化の際刺擊をなす之れは優勢の力なり。

第三　力の養成

力とは業《わざ》總てに通《つう》じ以上の精神練磨《れんま》せられたるものを力と云ふ、其の力の養成は困苦缺乏《こんくけつぼう》に打ち勝つべき氣力を以て劍理《けんり》に從ひ、智識を養ひ體を錬《ね》り心を鍛ひ劍理と心身と一致の動作を爲《な》すによりて生ずるなり、此の力なきものは每戰敗るゝなり。

第四　同一形體の變擊

一、相中段の時靑眼となる時甲手を打つべし。

二、相下段となる時上より甲手又は突くべし。

三、相青眼《あひせいがん》となる時刀尖を下に着ける時は面《めん》、又は突《つ》き稍や上に着ける時は甲手、又は胴を打つべし。

以上敵の變形と同時に變擊すべし。

第十三節　變化と虚隙

構へ互に合氣《あひき》となる時、刀を青眼より上げる時は構《かま》へ崩るゝ狀態なり、去れど之に反《はん》し青眼より中段に刀を下す時は攻《こう》となるなり、前者は構の崩《くず》れたる狀態にして、後者は構を固《かた》め氣を落ち着くるの狀態なり、構强き敵は自己《じこ》を守り、且敵の動作歷然《れきぜん》として顯れ敵の刺擊を防ぐことを得べく、又其の隙に乘《ぜう》じて刺擊すること得、敵に對向《たいこう》したる時は刀を靜かに操縱《さうじう》して攻め入り、第二の間合に移るなり、第二の間合《まあひ》に移る時は前述したる如く、敵の處作《しよさ》の隙に乘じ、瞬時刺擊して敵を制することを得る間合なり、第一間合より第二間合に移《うつ》るの際は、實に微妙《びみやう》にして第二は勝負《せうぶ》の岐るの間一髮なり、此間合の移《うつ》りによりて敵を刺擊して制することは凡《およ》そ左の如し、敵攻め返さんとして刀を斜に返《かへ》したるとき、其の瞬時甲手を打《う》つ若し敵の甲手打ちを防ぐ時は直《たゞち》に刀を返して面を打つべし。

其他敵の形勢《けいせい》の如何により適切に業《げふ》を施すときは敵を制するなり、而して刀腹に接觸《せつしよく》したる間合は、刺擊困難《こんなん》なること前述したるが如し、故に敵上段より眞向《まつかう》に打ち、又は押《お》すを防ぎ瞬時刀勢を外し、横面及胴に變擊《へんげき》する時は必らず敵を制《せい》するを得べし、去れど敵不屈斬擊せんとするときは敵の甲手を竹刀にて押《おさ》へ敵の刺擊を防《ふせ》ぎて退却し、第二間合より變擊《へんげき》す、而して攻より刺擊を施すは徑捷なるを要し、此の間氣に狹《はさ》む處あれば敵に防拂せらるゝなり、氣に狹む故《ゆゑ》あるものは圖の如く動作の中止《ちうし》にして即ち考へ、疑惑《ぎわく》、心の起りたる處にして氣の他に動く場合なり、故に自己《じこ》の敵に應じて活動する時は必ず一氣《き》なるを要とす、一氣は即ち自己的意思《いし》を斷滅して心止まらず、氣の他に動轉《どうてん》せざる働きなり、故に心に物なく縱横《じうわう》無碍自在に動作するものなり、左の圖の如く氣を使ふべし。

以上刀尖變化の隙に敵を制《せい》するの要は大體を通じて說明《せつめい》せり、而して敵形狀に隙あると同時に自己にも亦隙を生《せう》ず、是れ即ち攻の中に守《しゆ》あるを要する所以なり、敵を制《せい》せんとするの業《わざ》は積極的練習にして敵を防がんとするは消極的練習《せうきよくてきれんしふ》なり、敵を制せんとすれば先づ此の兩用相俟《あひま》つて、而して瞬時に制すべき眞理《しんり》を悟るべし。去れば攻の中に自己の隙なきを欲《ほつ》せば如何なる注意を要《えう》するやと云ふに實に左の各項目を戒むべきなり。

一、間合に入りては敵刀の變化《へんか》に連れて我が竹刀を變動《へんどう》し敵刀を防がんとする心なく、其の敵の處作を意とせず悠容たるを要とす。

二、中段にて攻《せ》むるには竹刀を稍《やや》外方に開き平青眼となり、敵氣を之れに集め青眼《せいがん》に變じ侵入を防ぎ進むべし。

三、下段にて攻《せ》むるには、敵氣を之れに集中《しうちう》し青眼に進入し、敵の侵入を防ぐべし。

四、敵斜に刄を上げ、甲手面《かうてめん》を斬擊せんとするときは、我は青眼に對し、其の攻擊《こうげき》の侵入を防ぐべし。

五、青眼の刀を其斬擊を示《しめ》しつゝ進擊するときは、其の起りの竹刀を拂《はら》ひ防ぎ敵の侵入を誤らすべし。

六、接觸《せつしよく》したる時は刀を押へ侵入を防《ふせ》ぎ敵の優勢を避《さ》くべし。

七、接觸より離《はな》れる時は面、胴先に施し敵の先を防《ふせ》ぐべし。

以上の間合に於て敵の侵入《しんにふ》を防ぐ時は面の起りを防ぐものにて、既に阿吽の氣を制《せい》し阿の氣にして我れの乘《ぜう》ずる弱點、即ち隙あるが故に常に自己《じこ》を守り敵に隙を生ぜしめ以て乘ずべし、此の外微細なる隙に至りては枚擧《まいきよ》に遑あらず、一進一退の間自他《じた》に注意し、各業の要領に準由して練習し、其の意を體し術に熟練すべし。

第十四節　不戰の勝利(慾心を制す)

雙方《そうはう》氣合して試合をなすに當り一定の構《かまへ》も爲さず、又打ち込む時機にあらざる時に打ち込み、或は打ち込むの時に打《う》ち込まず、平然として構へるものは、即ち慾心《よくしん》に制せられ心の範りたる活動を失ひ居るなり、故に心を凝《こ》らし敵の動作に應ずるときは戰《たゝか》はずして勝を得、即ち慾心あるものは氣尤も動く故に正法《せいほう》を知らず、何等計畫もなく打ち込むものなりとす。故に形依然《いぜん》として其の起りを打てば意《い》を用《もち》ひずして制するを得《う》べし、尚左の三項は以上説明《せつめい》したる勝を制すべき時機とす。」

一、間合にて氣合なきもの

二、間合の如何を論ぜず滅茶〱に刺擊を施すもの

三、中心及計畫なき活動するもの

第十五節　動作の演習

第一間合より變擊《へんげき》間合を基礎《きそ》として靑眼構より動作を練習《れんしう》すべし、圖の一は靑眼、第二は變刀にして此の下より上の反動にて斬擊及び刺突するなり。

注　意

敵に對し二の刀尖《たうせん》下げ上げる反動によりて斬擊す、即ち二は斬擊の狀態《ぜうたい》を示すものとす、此の二の變刀より斬擊すること敵に意圖を察知せざる樣斬擊を施すなり。

「甲手拂へ正面を打て」　敵の甲手斬擊を拂ひ正面を打つ、

「甲手拂へ甲手を打て」　同く拂ひ甲手を打つ。

「面を防ぎ右胴を打て」面を防ぎ一、右胴を打つ二。

「突き拂ひ右胴を打て」突き拂ひ一、右胴を打つ二。

「刀を拂へ右胴を打て」構の刀を拂へ一、同。

「上段左胴を打て」青眼に進む一、左胴を打つ二。

「甲手拂ひ前突」甲手を斜下に拂ひ一前に進み突く二。

變擊動作の解答

「甲手を打ち防ぎ面を打て」甲手を打つ敵防ぐ一、竹刀を返し摺り込み面を打つ二。

「面を拂へ右胴を打て」敵が面を打ち來るを防拂す一、右胴を打つ二。

「右面を打ち防ぎ右胴を打て」右面を打ち敵防ぐ一、竹刀を返して右胴を打つ二。

「甲手を拂へ甲手を打て」　甲手を斜に拂ひ一、甲手を打つ二。

「右面打ち防ぎ左横面を打て」　右面を打ち敵防ぐ一、左横面を左足を引きて打つ二。

「甲手を拂へ前突」

「攻勢刀を押へ突け」　敵青眼に攻め進む刀を下に押へ一、敵の押へに應ずる時突く二。

「突き拂へ甲手を打て」

以上の練習《れんしう》は順調なる身體の動作《どうさ》によりて練習せしむ、即ち圓滿《ゑんまん》なる活動體によりて業を施《ほどこ》し得らるゝなり、譬《たと》へば拂ひより刺擊する場合に身體を無理《むり》に使ふときは其の刺擊の業をして固滯せしめ不能に至らしむるなり。

以上列記《れつき》したる演習は、身體自然の活動により正確《せいかく》に其の動作を誘導《ゆうどう》するの方法なりとす、尙ほ左に變擊の應用を述べて演習せしむ。

第二　接觸の變擊

接觸にて斬擊狀態《ざんげきじやうたい》により敵氣を之れに奪ひ、以て防拂せんとする其の瞬時《しゆんじ》變擊して制《せい》するなり。

一、上段狀態より胴甲手を變擊す。

二、中段狀態より甲手又は突きを施す。
三、斜構狀態より甲手胴を施す。

第二　面防拂變擊

一、面を左右へ防拂したる時は突は面に變擊すべし。
二、面を防拂したる時は甲手又は右胴に變擊すべし。
三、横面を防ぎたるときは逆胴又は右胴に變擊すべし。

第三　胴拂變擊

一、押へたるは突きに變擊すべし。
二、柄《つか》止め防ぎは退却して甲手又は面に變擊すべし。
三、打ち落し防ぎたる時は正面又は横面に變擊すべし。

第四　甲手防拂より施す變擊

一、斜下に防ぎたる時は突きに變擊すべし。
二、横に防ぎたる時は正面に變擊すべし。

三、卷き落し防ぎたる時は斜より右胴に變撃すべし。

第五　突き防拂より施す變撃

一、横に防ぎたる時は突き又は横面に變撃すべし。

二、斜に押へたる時は刀を拔き返して胴を變撃すべし。

三、摺り上げて防ぎたるときは正面に變撃すべし。

第六　勢破變撃

敵の力とは接觸《せつしよく》及び間合より刀腹を押したる力を謂ふ、其の力に三つの觀察《かんさつ》することを得（一）拂ひの力（二）押す力（三）打《う》ちたる力是れなり、拂ひの力は攻勢《こうせい》の時、構の彷刀を拂ひ去《い》なす力にして押す力は竹刀《しなひ》を後觸し、刀腹を以て摺《す》り込む力なり、打ちたる力は構の刀を打ち下さんとする力是れなり、左に敵の力を利用して變撃して制する方法を示すべし。

一、敵が押す時は眞直の竪刀を斜に外し胴を返撃すべし。

二、敵が構刀を横に拂ひたる時は刀を反對に返し　手に變撃すべし。

三、敵が打ち落さんとする時は刀を斜に變へ、其の斬撃を外し甲手又は正面を變撃すべし。

四、敵が我體を竹刀にて押し來るときは横に體を變し、敵體を押し退却しつゝ面より甲手に變撃すべし。

第七　敵の起りを破る方法

敵の起《おこ》りとは敵が打たん突かんとする動作《どうさ》なり、其の動作の瞬時敵の機先《きせん》を制し變撃すべし。

一、上段又は竹刀を青眼より上げて面を打たんとするときは一歩進みて甲手に打つべし。

二、刺突せんとするときは右又は左横面に變撃すべし。

三、面を打たんとするときは諸手突きに變突すべし。

四、斜より甲手を打たんとする時は一歩進んで甲手に變撃すべし。

第十六節　動作應用演習

第一　防ぎ面を打て

青眼より斜刀《ななめとう》に敵刀を防ぎ第二の刀の如く左へ返し正面を打つ。

第二　斜甲手外し面を打て

甲手斬撃し來る時一歩退却して圖の如き斜構となり。敵刀を外し直ちに飛出して右面又は正面を打つ。

第二　上段打ち落し面を打て

上段の時圖の如く突き來るときは上段より敵刀を打ち落し横面を打つ。

第四　上段甲手を打て

敵上段の時は左甲手を青眼攻めより圖の如く打つ。

第五　片上段變擊

片手上段に對する構の圖

要領

片手上段の時は刀尖を青眼又は平青眼に着け對すべし、而して斬撃刺突の變撃は普通青眼に對すると同じ。

「右面を打て」　構より直ちに右面を摺り込みて打つ一。

「拂へ正面を打て」　敵の上段より打つ竹刀を防ぎ拂ひ正面を打つ一。

「拂へ逆胴を打て」　同じく逆胴を打つ一。

「甲手防ぎ突きより胴を打て」　青眼にて甲手を防ぎ突きて胴を打つ一。

上段構にあるものは兩刀にて演習する業を利用して施すべし。

第六　兩刀及銃劍に對する變擊

（兩刀に對する構の圖）

（銃劍に對する構の圖）

兩刀及銃劍は劍術の內に包む故に各術に一刀を以て對する變擊法を舉示し演習をなさしむ。

要　領

兩刀に對する時は敵の小刀に刀尖を着け、靑眼又は半靑眼にて對すべし。

第七　銃劍に對する構の圖（一六一頁參照）

中段に着け稍や全身を半身として構へ對向すべし。

防拂は點を竹刀にて各方向に構へ打てば握る左手を離し體開くなり。

刀尖上げて突く時は上圖の如く竹刀にて横に體を右に變へ打ち防ぐなり。

第八　兩刀に對する演習

『靑眼に進みて逆胴を打て』　靑眼にて咽喉に刀尖を着け進み逆胴を打つ一、元に復す二。

『中段に進み眞面を打て』　中段に進み眞直に小刀を摺り込み面を打つ一、二同じ。

『中段に進み左横面を打て』　同じ小刀の上より左横面を打つ一。

『靑眼より進み突け』　靑眼に進み小刀に摺り込み突く一。

『正面を防ぎ右胴を打て』　正面を防ぎ右胴を打つ一。

『甲手を防ぎ逆胴を打て』 甲手を防ぎ刀を其場にて返して逆胴を打つ一。

『小刀を防ぎ逆胴を打て』 小刀の面（甲手）を防ぎ逆胴を打つ一。

『左右防ぎ逆胴を打て』

小刀の甲手を防ぎ大刀の面を防ぎ逆胴を打つ一。

第九　兩刀の演習

『突きて防ぎ正面打て』

突きを小刀にて防ぎ大刀にて正面を打つ一、二に復す。

『青眼の正面を打て』

大刀を稍や下げ甲手打ちの狀態を示し正面打をつ一、二に復す。

『下段の甲手を打て』

敵下段に攻め來る時斜に大刀を持ち甲手を打つ一、二に復す。

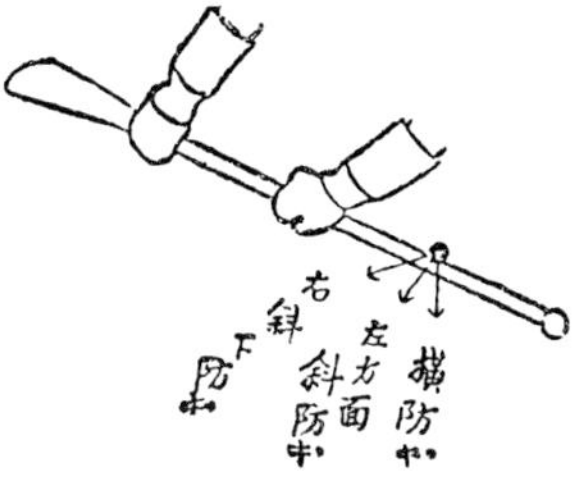

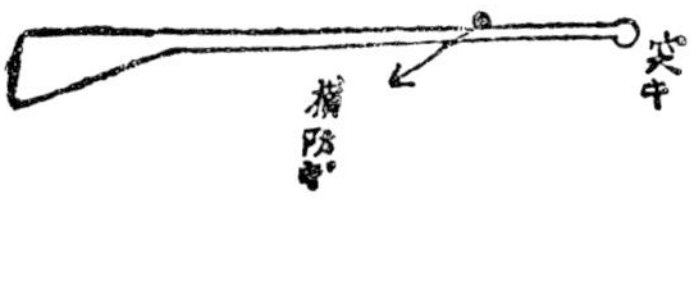

「正面を打ち甲手を打て」大刀にて正面を打て接近するや小刀にて甲手を打つ一、二に復す。

「正面を防ぎ甲手を打て」小刀にて正面を防ぎ大刀にて逆胴を打つ一、二に復す。

「拂へ甲手正面を打て」構の刀を右へ拂ひ甲手又は面を打つ一、二、に復す。

「前に構へ突け」兩刀前に構へ其儘突く一、二、に復す。

「進み面を攻め甲手打て」面斬撃の狀態となり追込み攻め敵の竹刀上げる甲手を斜に打つ一、二に復す。

「進み甲手を攻め正面を打て」甲手斬撃の狀態となり追込み攻敵の中段となる面を打つ一、二に復す。

兩刀は小刀を前に出し、青眼刀《せいがんたう》とし大刀を片手上段として斬撃するの形狀とす、故《ゆへ》に小刀にて間合を取り、敵との進退《しんたい》及攻勢し大刀にて斬撃するなり、姿勢《しせい》は一刀と同じにして、其の防拂は多く小刀にて施すなり。

第十　銃劍に對する演習

「前突を防ぎ正面を打て」咽喉《のど》又は胸を突き來る銃劍《じうけん》を構の儘斜下に打ち防ぎ、直ちに正面を打つ一、二に復す。

『構銃を拂ひ正面を打て』　對向したる竹刀を稍々上げ、左の方向斜に打ち防ぎ正面を一、二に復す。

『下段を拂ひ右面を打て』　下段の銃劍を構へた儘進み右方向斜下に打ち返して右面を打つ一、二に復す。

『前突を防ぎ面より逆胴を打て』　突きを防ぎ面より逆胴を打つ一、元に復す。

『前突を防ぎ突きより面を打て』　突きを防ぎ更に面を打つ一、二に復す。

銃劍術は陸軍の規定《きてい》する處なれど、銃劍の使用法は省略《きうりやく》し、只だ竹刀を以て之れに對するの方法を述ぶ、旣《すで》に練習にて說明せる如く、動作《どうさ》は斜方面に變化することを捷徑《せうけい》にし、以て各業に習練すべし。

尙變擊動作の練習《れんしう》のため、以上の動作を基礎《きそ》として左の如く應用演習せしむ、而して動作は敵の變形及意圖を覘知し、瞬時之れに應《おう》じ、或は變化して敵を制するの業《わざ》なれば、漸次時機《じき》により自發的に又變化は臨轉《きてん》によりて應用を習熟《しつじゆく》せしむ。

第十一　動作應用演習

一、變擊先を制するの法

「上段より甲手を打て」　上段斬擊の形狀一、左斜に甲手を打つ二。

「上段より胴を打て」　同一、左斜に胴を打つ二。

「斜構より甲手を打て」　斜構面を打つ形狀一、其構より胴打つ二。

「斜構より胴を打て」　同一、同甲手を打つ二。

「中段より面を打て」　中段形狀一、面に摺り込み打つ二。

「青眼より甲手を打て」　青眼の刀を右斜に外し進む一、竹刀を斜に甲手を打つ二。

「斜刀より胴を打て」　青眼の刀を斜に外す一、手を返して胴を打つ二。

「上段打ち落し左面を打て」　上段より敵の構刀を打つ一、兩手を返し右面を打つ二。

「上段甲手を打て」　敵上段の時は青眼の刀尖を敵の肘下に着け一、左甲手を打つ二。

二、後の先を制するの法

「甲手外し面を打て」　敵甲手を打ち來る一歩退き上段となる一、上段より正面を打つ二。

「上段外し橫面を打て」　敵上段面より甲手を打つ、右足を引き左半身となり一、其の體の儘左片手にて橫面を打つ二。

「上段外し正面を打て」

「面外し胴を打て」　敵の進出急にして正面に打ち來る、體を右斜に變し斜構一、構より橫面を打つ二。

「面を受け右胴を打て」　敵面を防ぎ一、右胴を打つ二。

「甲手を上に防ぎ面を打て」　敵の甲手をうち來る靑眼にて刀を斜上に上け防ぎ一、防ぎたる形狀より面を打つ二。

「面を上に防ぎ右胴を打て」　敵面の時は刀を頭上にて霞構《かすみかまへ》として防ぐ一、防ぎたる形狀より右胴を打つ二。

「甲手斜に外し右面を打て」　斜構となりて刀を外す一、其の構より面を打つ二。

「橫面防ぎ正面を打て」　斜構にて防ぎ一、直ちに正面を打つ二。

「突きを防ぎ突け」　突きを斜に防ぐ一、其の形狀より諸手突く二。

「甲手を防ぎ突け」　摺り込み甲手を防ぐ一、直ちに突く二。

「右胴を防ぎ甲手を打て」　柄止め防ぎ一、甲手を打つ二。

「左胴を防ぎ右面を打て」　柄止め防ぎ一、右面を打つ二。

「甲手を防ぎ正面を打て」　甲手を斜下に防ぎ一、正面を打つ二。

第十二　接觸動作の變擊の演習

「外し右胴を打て」　敵刀を押す斜構に外す一、構より胴を打つ二。

「外し右面を打て」　同一、面を打つ二。

「拂へ足搦」　敵交刀を押す手を返し斜に手を拂ふ一、足搦《から》二。

「押へ面を打て」　敵交刀にて胴又は面を斬擊せんとする其手を斜に押へ一、面を打つ二。

「押へ體當正面を打て」　斬擊せんとする時手を押へ體當り一、正面を打つ二。

變擊動作の練習《れんしう》は間合及び接觸より練習するものなり、之れ實際試合《じつさいしあい》に於て瞬時變應自由の熟練するにありとす、而して變擊接近《せつきん》したる時は、鍔摺り合ひによりて正確に業を施《ほどこ》すことは竹刀を斜に拔き、或は左右に返《かへ》して打つなり、接近したる時は刀を竪立《けんりつ》とし、敵刀を押し敵我が刀を押すとき兩手を其儘返《そのまゝかへ》して退却しつゝ胴を打つ業《わざ》を施すは、敵の兩手を伸ばし、或は上《あ》げたる時に施し守る業を施すにあらず、守る時業《ときわざ》を施さんとするは、自已の體に却て隙《すき》を生じ、體勢を乱す尙ほ接觸變擊詳解《せうかい》は次章に於て説明實施《じつし》せしむ。

第十二章　接觸變體動作

第一節　要領

接觸動作は敵と接近《せつきん》したる時施すの業なり、故に主《しゆ》たる業にあらず、而して接近は鍔摺《つばす》り合ひと云ひ、敵の刀腹を壓し、其の刀勢《たりせい》の働きの自由を拘束す、第一圖の如し、此の體勢《たいせい》を元とし、左の如き業を施すべし。

一圖の實施

一圖の時は鍔元《つはせと》にて敵の押す力を左右斜に外して防ぎ、第二圖に移《うつ》りて斬擊すべし。

〔應　用〕

一、敵の力を左右の斜に外して防ぐべし。

二、敵の刀を斜に押し外し左に變體し敵體を崩すべし。

三、敵の體當りは左足を右に變へ體を斜に變し、或は右足を踏み出し、足の間隔を廣く取り其の力を防ぐべし。

四、足搦《から》み或は首挑ひは敵體を押して防ぐべし。

圖ノ如ク(コブシ)ヲ前ニ堅クシメルナリ

二圖の實施

一、敵竹刀を押すとき圖の如く手を斜に引く時は、敵刀は側面に流れ其の刀を外し、斬撃自在なりとす、故に斬撃は二圖によりて施すべし。

刀を外す時は右拳《みぎこぶし》を上に返し、四頭指上に向け、竹刀を斜《なゝめ》とす、此の變體より斬撃を行ふなり、而して敵の押《お》したる刀勢を斜に外《はづ》し、斬撃するは敵押す力は自然《しぜん》手を前に伸ばす、故に手を伸ばす時下部に隙生《すきせう》ず、其の隙に胴を打《う》つなり、又竹刀前に崩るゝ時は動作は其變體より右横面、又は正面を打つなり、變體《へんたい》より隙に打つは徐々《じよぐ》に施し、漸次捷徑に練習すべし。

第二節　動作演習

「斜に押せ」　斜前に押し敵體を崩すべし。

「足搦み」　敵體を斜に崩し足拂を施すべし。

「押しを防げ」　押し來るときは變體して竹刀を左右の斜に外し防ぐべし。

「右面右胴を打て」　擢り合ひ其場にて斜に外し、斜直に右面を打ち退却し同一體勢にて右胴を打つべし。

「左面右胴を打て」其場にて刀を竪立として右に見て左面を打ち右胴を退却して打つべし。」

「左面左胴を打て」要領同じ。

「左面より左片手右面を打て」要領同じ片手右面は體を半身とすべし。

「引き甲手を打て」其場刀を左に見せ退却しつゝ甲手を打つべし。

「左右面を打て」其場にて刀を竪立として右に見せ左を打ち直ちに右を打つべし。

「右左面を打て」要領同じ左に見せるべし。

第三節　動作應用演習

「退却右面を打て」擢《せ》り合ひつゝ互に退却するときは、敵の退却せんとするとき竹刀を返して、斜横にて敵の右面を打つべし。

「左斜に變體面を打て」敵我の體を押し來る時左斜に變體して右面を打つ。

「左斜に變體右胴を打て」擢り合ひつゝ敵が我刀を押す時別れながら右胴を打つべし。

「左斜に變體左胴を打て」同上右面を打つべし。

『返し面を打て』 敵我刀を押す時左へ返して右面を打つべし。

『甲手を押へ面を打て』 擢り合ひの時敵面を斬撃すんとするときは、其の甲手を押へ斜に拂ひ敵體の崩れた時上段より正面を打つべし。

『左に抜き右面を打て』 敵前に押すときは竹刀を左斜に返して抜き右面を打つべし。

『左外し正面を打て』 擢り合の時前に押すとき體を左半身とし刀を外し正面を打つべし。

足搦右に倒す

不安定體

『足拂ひ防け』　敵我足を拂ひ來るときは拂ひ來る我足を上に上げ膝を折り足拂ひを避け竹刀にて直ちに敵の首筋を拂ふべし。

『首拂ひ變せ』　擢り合ひに首筋を竹刀にて拂ひ來るとき拂はれる方向へ變體すべし又首を下に縮め拂ひ刀を避くべし。

第四節　足搦

要　領

足搦《あしから》みは敵の押《お》し來る體、前圖の如く斜《なゝめ》向きとなるときは又は敵氣の抜《ぬ》けたる時體を敵體の斜に變はし右足を拂《はら》ひ同時に竹刀にて首筋《くびすぢ》を拂ひ左側面に倒《たほ》すなり。

第五節　右拂ひ

要　領

體當り又は打《う》ち込む頭の進出したる斜のとき體を外し前に流《なが》れる不安定體を竹刀にて流《なが》れる方面

に拂ふ敵體は前に崩《くず》れたる體姿なれば拂ひの力により自己の力と混合《こんごう》し自然倒るゝなり、之れを右拂ひと謂《ゐ》ふ、足搦み及右拂ひにて倒れるものは全身正確にあらざること前述《ぜんじゆつ》の如し、故に避《さ》けるものは自然體を失《うしな》はず下腹の力によりて施《ほどこ》すことに注意し而して倒れるものは崩《くづ》れたる體姿なれば無理に倒れんとして倒れるは打撲《だぼく》又は負傷することあり故に倒るゝときは拂はる僞《まゝ》、全身の力を背に集め頤《あご》を咽喉に引き絞《し》め自然に背《せ》より板の間に倒れるべし。

動作演習

「右へ拂へ」 體當り又は擢《せ》り合のとき逃《のが》れんとして躊躇するとき首筋《くびすじ》へ竹刀の中結《なかむすび》を掛け右横に拂ひ倒すなり。

「左へ拂へ」（右の反對、要領同じ）

「上段斬撃を拂へ」 接觸して敵が面を斬撃せんとして上段に冠《かむ》りたるとき左甲手こり首筋を拂ひ敵體を崩《くず》し或は倒す。

第六節 組み打ち

要領

敵の首を絞《し》めるの動作なり敵の後頭部《こうとうぶ》を右手に握《にぎ》り左手は逆にし『突き垂』を握り、第一圖の如く絞めるなり、而《しか》して倒れるときは第二圖の如く敵體に跨《またか》り右膝にて右手を抑へ左膝にて左手を抑へ或は兩膝にて胴を絞《し》め以て首を絞めるなり。

以上接觸の動作は主《しゆ》たる業にあらず組み打ち足搦みは體力氣力を養成《ようせい》するものなれど此動作を以て本旨とせず血氣《けつき》に走る青年は之れかため高尚《こうしよう》なる精神を打ち忘れ粗暴《そはう》の行動をなすに至るべし、故に正法によりて施《ほどこ》すべし適法に施さゞる業は暴行《ぼうこう》となり實に無法《むほう》なる動作となるが故に粗暴に流れざるやう行ふことを要《よう》とす、而して適法とは凡《およ》そ左の三項なり。

一、敵に竹刀を落《おと》されたる場合

二、敵の竹刀を落して敵より業を施《ほどこ》し來たる場合

三、敵を刺擊《しげき》し竹刀を拂ひ落されたる場合

以上組打ちを施すに適法の時機《じき》とす。

第七節　接觸防禦動作

要　領

接觸動作に於ける敵の各業を防禦《ばうぎよ》し敵體を崩し敵を制《せい》するの業なり。

動作演習

「打拂ひを防げ」　拂はれたる時は足を踏《ふ》むで其の足に力を入れ止《とゞ》まり直に左へ變體して刺擊を施すなり。

「足搦防げ」　足を拂《はら》はんとするとき體當りを施し足搦を防ぐ又足拂ひ弱《よわ》きときに右足を上げ兩折し足拂ひを避《さ》け竹刀《したび》にて反對に拂ひ其體を崩《くづ》すべし。

「絞めを防げ」　右の時は左手《ひだりて》にて手を拂ひ右手にて突垂を握《にぎ》り體に引き防ぎ敵に先《さき》んじて絞めるなり。（又逆《ぎやく》を取るもよし）

「腰投《こしな》げ防げ」　右の時左手にて手を拂ひ防ぎ接近《せつきん》すると同時に左腰の下腹《したはら》に敵を當て充分體を入れ左手にて後腰《うしろごし》を押へ右側面に投げ首《くび》を絞《し》めるなり。

腰投げは敵の組み打《うち》をいどみ來る時に施《ほどこ》し其以外施《ほどこ》すべからず。

第十三章　攻制法

第一節　要領

刺撃防拂の動作を習熟《しうじゆく》し一定の形定まるものを自然一念凝心無我の活動《くわつどう》となるべし、若し無念にあらず慾念《よくねん》ある時は敵の處作に氣を奪《うば》はれ自ら心迷ひ爲に全體の活動を誤《あやま》るなり。彼の稽古中氣早く疲れ呼吸《こきう》苦しくなり或は發聲《きはひ》を掛《か》けられ胸底を壓迫せられ、腹部に痛《いた》みを感ずるは即ち無念により雜念《ざつねん》に打たれたるにあり、此れ一念に凝《こ》ると云ふは上釣りして無中の狀態《じやうたい》にあらざるなり、氣は外由力に對し確固《かくこ》不屈《ふくつ》にして動かず心は一所に統一《とういつ》して其の活動は無念に行ふの時《とき》の精神なり、故に業を工夫《くふう》鍛錬《たんれん》し心身に動作修熟して自然精神を統一し無念となるにあり、斯《かく》の如く各動作により て敵を制《せい》するのも、氣《き》の發動《はつどう》、心の不動にあるなり、故に心に一點の慾心《よくしん》を置かず、一心を其業に傾倒して心身を同時《どうじ》に鍛錬すべし、一念に凝《こ》ることなく業心《わざごころ》に會得《えとく》せざるもの油斷を生じ敵より其の氣を打《う》たれ遂に自己の處すべき法を採《と》ること能はずして全體疲勞するに至《いた》るなりとす、一念凝結し其の意識分明を誤《あやま》らざるの働きは容易に修養《しうやう》し難きものにして充分の鍛錬を要するなり、練習者の多くは油斷注意慾心悉《ことごと》く其形に顯はる又活動の間其の心の滅却《めつきやく》すること能《あた》はざるものなり、攻制なるものは其慾心を制《せい》し、或は猛氣《もうき》を破ることの術法《じゆつほう》にして、是れ敵の精神氣魂を我が精神氣力を以て牽制《けんせい》するにあり、即ち氣合之れなり、旣《すで》に練習したる構及刺擊するの行動《こうどう》は一つとして此の精神氣力の發顯《はつけん》にあらざるものなし、故に形變化すれば敵氣之によりて變化《へんくわ》せしめ形變化するもの其氣即ち異《こと》るなり、故に進退應事の業を習熟し敵に處作《しよさ》を全ふする時《とき》は自ら氣を配りて而かも活動を誤らざるなり、攻制は其の變化の際竹刀を動《うご》かすの時敵の慾心《よくしん》を牽制するにあるなり、所謂《いわゆる》一念凝り心從容たる竹刀の動作《どうさ》は敵心を直ちに動《うご》かし、或は直接心を制《せい》するにあり、故に形變化して敵の未發を破《やぶ》るを得べし、之れ構《かま》へて敵の計畫も作戰も又咄嗟《とつさ》の起りも悉く察知し無念に敵の處作に對す、之れ敵の形心を我《わ》が心に寫《うつ》し而かも彼に應ずることを誤《あや》らざる境涯《きようがい》となり、其氣を奪ひ以て氣を制するに自在《じざい》たるものなり、攻《ぜ》めを練習せしめんが爲め左の各項を說明《せつめい》し實施せしむ。

第二節　攻制狀態

攻制狀態とは敵氣を制《せい》するの活動にして下圖《かづ》の如し、靑眼より進み其刀尖を變化せしむる處敵氣を變化せしむるにあり、氣《き》の變化する處《ところ》形自ら變化す、即ち刀尖變化して進む時は敵刺《てきし》擊《げき》せらるゝと豫想《よさう》し或は攻め防《ふせ》がんと應ずるなり即ち變形に氣《き》を集中して變化《へんくわ》したるなり、我が形勢に氣を集中する時《とき》は自ら我竹刀に竹刀を寄《よ》せ自己の刺擊せんとするを忘《わす》る、是れ敵氣を制し其の形狀を崩《くづ》し

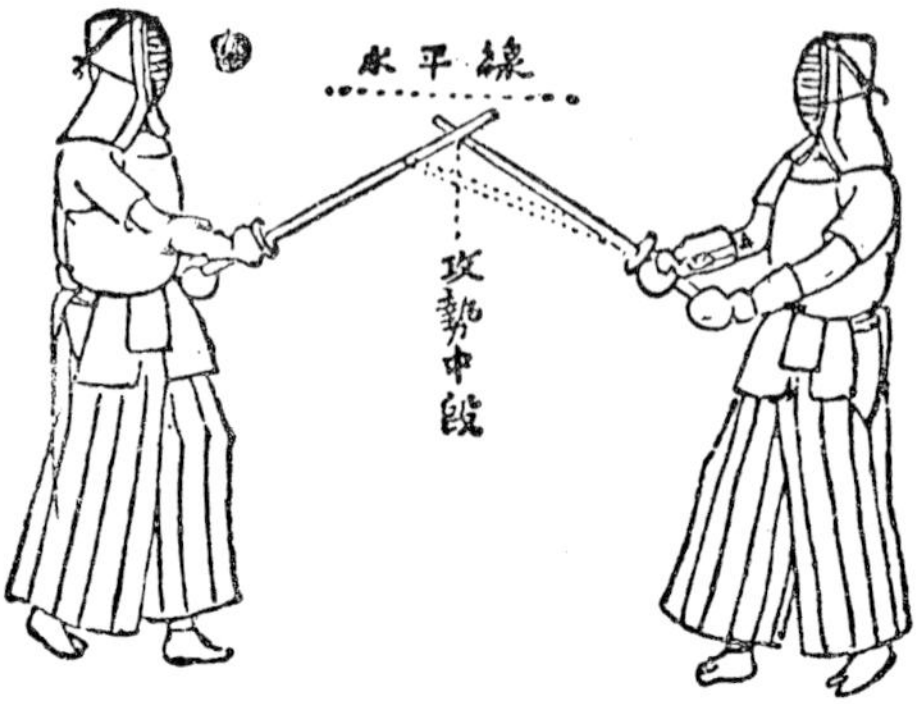

たるなり、故に圖の如く中段形に進《す》む時は敵の中堅とする靑眼《せいがん》は崩《くづ》れ、活動力を壓制《あつせい》するを得べく、之れを攻制《こうせい》と云ふ、而して敵氣を制すべき刀尖《とうせん》の變化は下圖《かづ》の如く目標に刀尖を變化せしむることを得《う》べし、即ち咽喉《のど》を中心として鍔下《つばした》右拳の左右の側面とす、（目標《もくひよう》に刀尖變化し氣の迷《まよ》ふ詳解は視線を參照《さんせう》すべし）又《また》敵の形狀變化に對《たい》し刺擊進退の利益は進退の節《せつ》によりて知るべし、敵氣を奪《うば》ひたる處は即ち敵の隙《すき》を生ずる處なれば我

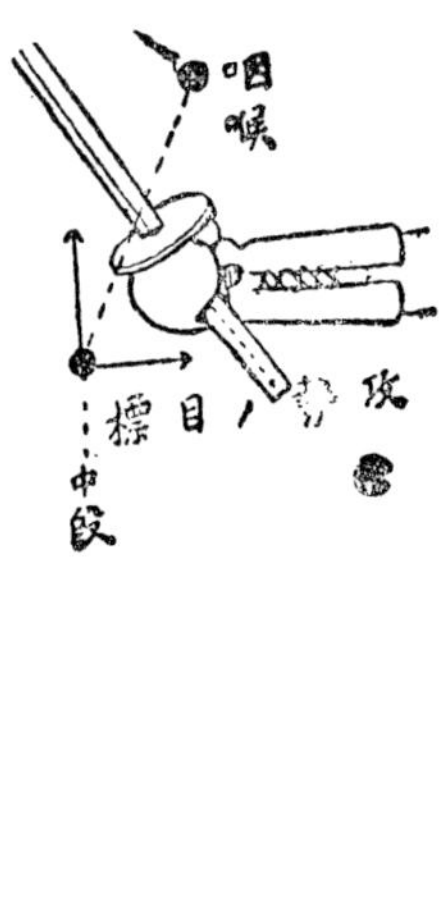

れ乗じて刺撃を施《ほどこ》すべき處なり。

第三節　起りを壓制

變形によりて氣を奪《うば》ふこと前述の如し、然《しか》れども我が攻勢の形勢を意《い》とせず刺撃せんとする時は其起る竹刀を押《おさ》へ其の氣を制《せい》するなり、即ち前節は敵氣を動搖《どうよう》せしめ本節は敵の動搖を制し其勢力を破るなり、而《しか》して攻制は氣の未發《みはつ》を制すること肝要《かんよう》とす、敵氣一氣にして既に發《はつ》したる後、之れを制せんとするは、却《かへつ》て我が心に隙を生ずるなり、敵攻進すること同一《どういつ》となる勢合の如きは青眼《せいがん》にて守り形狀動《うご》かざるときは敵の進撃するの氣《き》を制し敵變形する時直ちに其の氣を壓迫《あつはく》すべし、之れを攻め合ひを制するの業《わざ》なりとす、又敵青眼に固守《こしゆ》する時は竹刀を斜に拂《はら》ひ其の形狀を崩《くづ》すときは、其の氣を散逸《さんいつ》せしむる時にして瞬時《しゆんじ》敵刀の上に乘じ其敵活動を壓迫《あつはく》する時は其の氣を制することを得べし、之れ敵氣を制《せい》するの方法なり、尙攻制に就《つ》き必要なることを左に說明《せつめい》す、其の制壓するの理を會得養成すべし。

第四節 機先を制せ

攻め合ひは互《たがひ》に敵氣を奪ひ氣勢を破《やぶ》り、其氣を制せんとするの方略《ほうりやく》にして猛氣の戰ふ處なり、攻め合ひには敵の靑眼に對《たい》しては中段又は下段に攻め、敵中段にて攻める時《とき》は、中段にて防ぎ刀を返して靑眼にて攻めを破《やぶ》るべし、敵攻めが中段下段なる時《とき》は靑眼にて刀尖に咽喉《のど》を着け一步先に進み敵氣を突《つ》き破るべし、此の攻めは勝敗《せうはい》の別るる處なれば、即ち業を先んじ制すべし、而《しか》して攻めるの要の變化は靑眼對中段、下段對靑眼、敵の起《おこ》る咄嗟《とつさ》其先に變化するを要《よう》とす、而して變化は虛實にて以て敵に對し或《あるひ》は應じ、其機を制するに在《あ》れば身體の進退捷徑自由にせざれば、其一步を先んずること能《あた》はず、進退自由なるときは、變化の際有利の位置《ゐち》に在りて、其機を制するを得《う》、進退は即ち間合の掛引《かけひき》之なり、若《も》し攻めて、變化不利となる時は、直《たゞち》に其間合を離れ守り、敵の侵入《しんにう》を防ぎ有利なる時《とき》は直に進む即ち瞬時《しゆんじ》の利益を見て進退自由とす、之《これ》により攻め合に勝つを得《う》べし、此進退の自由は、左足一足（送《おく》り足《あし》）の徑捷なる働きにより爲す、譬《たと》へば敵の處作に對し攻勢を取る時は、左足を右足に揃《そろ》ひ、中段となりて、攻め入るべし、此時《このとき》敵靑眼にて攻め返《かへ》し來り我不利となる時は、左足を元《もと》の處に引けば侵入《しんにう》を防ぐ、此進退により、攻勢を機敏《きびん》に施すことを得るなり、或は我れ左足を揃へ攻入る時、敵に隙ある足踏《あしぶみ》の間隔狹少なるが故に、進撃突入せんとするも容易《ようい》にして、此の足踤徑捷の働《はたら》きによりて敵を制し得るなり、所謂間合にて敵氣を攻め、壓制《あつせい》するの秘訣なりとす。

以上の攻制の形狀及動作は、尤も複雜《ふくざつ》したる精神の反應作用に隨伴《づいはん》するものなり、而して其の反應は知的作用、辨別作用を含《ふく》み敵の合圖によりて觀念連合《かんねんれんごう》し、反應作用を完ふするなり、之れ心理なるが故に後章心理《しんり》の説明によりて會得すべし。

第五節　動作の演習

「中段攻進」　互に靑眼に對向し、相互にて練習をなす、敵靑眼に構へる中段にて攻め一、元の位置に復す二。

「下段に攻め進め」　敵靑眼に進む下段に攻む一、元に復す一。

「中段攻め返せ」　敵中段に攻め竹刀を下へ潜らせ敵刀の上に乘せ、稍や斜に其の刀を押へ直ちに青眼に進む一、元に復す二。

『下段攻め返せ』敵下段に攻め進む青眼の刀尖を胸部に着け、其の構の竹刀を壓して進む一、元に復す二。

『青眼攻め返せ』敵青眼にて攻め進む青眼の刀を下に潜らせ斜に其刀を拂ひ中段にて刀尖を胸部に着け進む一、元に復す二。

『左右攻め進む』敵の右拳を目標として其左右側面に刀尖を變化して攻め進む一、元に復す二。

『上下攻め攻め』上は刀尖を胸部に下は中段にて鍔下に敵の直立體中心に刀尖を變化して攻め進む一、元に復す二。

第六節　變化と攻進一致

攻進は青眼《せいがん》より圖の如く敵手に入るを以て攻《せ》めを施し得るなり、此の攻める場合を圖の如《ごと》く攻入の時右足を揃へ、敵《てき》之れに應じ攻め返す時には、直ちに左足を元の位置《いち》に引きて其攻めを防ぐなり足を揃へしを送り足と云ふ、送り足は順次進退《じゆんじしんたい》に行ふことを得べし、而して攻制は凡そ圖の如き敵構及應ずるを崩《くず》し、其の崩したる瞬時《しゆんじ》圖の如く刀尖を胸部に着け敵手に入《はい》るなり、是れを以て敵氣を制《せい》するを得べし。

此の狀態にて敵の咽喉に刀尖を突け進む、去れど此の攻進は、手の力弱く拂ふ時は、直ちに體崩る、故に敵の狀態は第二圖によりて敵刀を拂ひ攻進すべし。

（敵の咽喉）

一、敵の起りし竹刀を斜に崩して進む。

竊み足の攻進

二、敵の攻めんとする時又は攻め返したる刀を横に拂ひ崩して進む。

三、敵の構刀を斜に崩して進む。

四、敵變形の刀を押して進む。

五、防拂、思料及意志回復せんとする時は其竹刀を崩して進む刀を崩さるは拂へ押へにより竹刀の正確及び活動を崩すなり。

第七節　釣り込み（應じ返し）

刺擊するは敵を制《さ》することを目的とす、即ち刺擊《しげき》せんとするには、先づ敵氣を抑制し敵の整然《せいぜん》たる構の秩序《ちつじよ》を乱さすべし、秩序乱れたる瞬時刺擊し、又其氣を制するにあり、間合進退《しんたい》に於て敵に對し變形をなすは之れに未發《みはつ》に敵氣を抑制し、又其整然たる體形《たいけい》を崩すにあり、故に靑眼《せいがん》より中段下段に變化《へんくわ》するときは敵氣變化し、構形自ら變《へん》ず變化の際敵我變化に注意《ちゆうい》する時は之れを我れに奪

敵刀拂ひ攻進

ひ制するなりとす、即ち刀尖變化《とうせんへんくわ》する時は構形變化の何れを問《と》はず、敵氣は我變形のため變化するなり、故に氣に隙《すき》を生ずるなり、即ち氣變化する處自己《じこ》の構形に注意心を缺く處にして何《いづ》れか刺擊するの隙を生ずる場合なり、左に變形により隙を生ずる敵の變形を説明すべし。

一、我刀を下げたるに應ずる時は突き面に隙を生ず。

二、刀を上げたる時應ずる時は甲手に隙を生ず。

三、中段を下げたる時應ずる時は横面に隙を生ず。

四、刀を左斜に押す時應ずる時は隙を生ず。

五、攻めにて青眼又は中段に固守する時は甲手に隙を生ず。

以上敵が我が變形《へんけい》に氣を集め、應じて變形を作り自身を防拂、又は守《まも》らんとするものなれば、敵の思ふの以外《いがい》に隙を生じ、之れを制《せい》すること容易なるものなり、所謂形狀變形の以外を牽制《けんせい》する時なり、即ち一方に氣を配り他方を忘るゝ時を作《つく》らすものなれば容易に制《せい》するを得べし。

以上我れ變形をなし、敵に其の形狀《けいぜう》に注意し、之に應ぜしめんとすれば敵氣を誘《さそ》ふとも云ふなり即ち、を釣《つ》り込み擒縱自在と爲し、敵の刺擊《しげき》する手を押《おさ》へ、或は其の竹刀を防ぎ、以て活動《かつどう》を制し其の氣を制《せい》す、所謂變形は敵氣を我れに引き付け我心の思ふ如く、其の働きを爲《な》すものとす、而して構勢は彼我共通の業《わざ》なれば進退間合に注意し、青眼《せいがん》を崩さず、其の變化に逆《さか》らはず敵の形狀と反對に變化し、以て敵の氣を外《は》づして敵の進擊を防ぎ、未發の氣を制《せい》すべし、斯くの如く未發の氣を制する時は、自ら敵の行動の意《い》圖《と》恍然《こつぜん》として顯はれ、隙體を進擊するを得べし、若《も》し我が意圖と同一の時は、自然《しぜん》の間形狀變化して其の氣を釣《つ》り込み、敵の進擊せんとする前途《ぜんと》即ち其の起りの氣を制すべし、尙攻制の有利なることに對し、左に之れを詳解すべし。

一、相中段　相方中段の場合は同一勢體なり、故に刀を下より潛らせ敵の刀の上に乘せ青眼にて進めば其の氣を壓す。

二、青眼と中段　敵の青眼の時中段に攻むる時は其の氣を壓す。

三、斜構と青眼　敵斬擊せんとして竹刀を稍や上に上げたる時は、青眼の刀尖を咽喉に着けて進むれば其の氣を壓す。

四、上段と青眼　敵の上段構及び上段にて斬擊せんとする時は、青眼にて敵の左手に其の刀尖を着け攻める時は其の氣を壓す。

五、下段　中段の時は中段にて咽喉に刀尖を着け進む。

以上敵に對《たい》する變形は、敵の敵勢を壓《あつ》する優勢の狀態にして敵の機先《きせん》を制することを得べし、而して此の構形變化敵の刺擊《しげき》をなさんとする氣を制するを得べし、間合に於て此の優勢《ゆうせい》なる變形に於て、此の優勢《ゆうせい》なる變形により第二間合に進む時、敵の應ずる變化體を刺擊《しげき》すること容易なりとす、敵若し先なる時は變形《へんけい》より直ちに防拂し、後の先を制するに至難《しなん》にあらず、間合に於ける變擊攻擊は構形變化によりて攻め敵氣を壓《あつ》し、之れに應ずるを基礎《きそ》とするなり、而して接近《せっきん》したる時敵の上段又は斜構にて斬擊狀態《ざんげきぜうたい》を示し、進み來る時は靑眼にて刀尖を動《うご》かさず敵の處作に應じ、或は敵の起りの兩手を押《おさ》へ或は起り頭に刺擊して制するの有利《ゆうり》なる業にして充分練習すべし。

第八節　精神牽制

攻勢に於《お》ける氣を制するは心の發動《はつどう》なり、即ち精神の戰ひと謂ふべし、攻める間堅忍不拔《けんにんふばつ》にて確實なる精神《せいしん》ならざるべからず、其の精神によりて氣《き》の働きに物を挾《はさ》むことなくして、心の明を失はざるなり、即ち心の確固《かくこ》なるによりて敵の隙を制するを得べし、一心岩をも通《とう》すとは、即ち是れなり、故に凝結《ぎやうけつ》せる働きは敵の處作に對し、其の敵氣の狹《はさ》む處を制し縱橫無盡に活動《かつどう》するを得べし、故に常に練習には自已的精神を斷滅《だんめつ》し、心を淸爽《せいさう》に置き一念に凝らし敵の活動は明鏡止水《めいきやうしすい》の心を以て豫知《よち》し、之を制《せい》することに力むべし、斯の如き心には敵もなく我《われ》もなく、心身共に生生《いき〱》として敵心自ら我れに制せられ、殺活自在《さつかつじざい》となるものなり。敵心を制するに尤も有利《いうり》なことは、凡そ左の如し。

一、中正の心により變化すべし。

中正の心は敵の處作《しよさ》に氣をゝがず、敵の動隨の如何《いかん》によりて其機宜に對し變化自由とする自然力を云ふなり、之れを有形の動作《どうさ》より說明する時は靑眼之れなり、靑眼にて敵の處作に應《おう》じ、其の靑眼を崩さず、敵の中樞《ちうすう》たる咽喉に刀尖を着け攻める、若《も》し拂ひたる時は其の力によりて反對《はんたい》の方向より直ちに咽喉に刀尖を着け正眼《せいがん》に復すなり、之れを攻め返しと云ふ。形狀依然《けいぜういぜん》として崩さゞる時は正中の心自ら亂《みだ》れず、進退間斷なき時は遂《つひ》に敵の心を制するに至るなり、故に左の動作を實施《じつし》すべし。

一は竹刀を下に潛らせ二は咽喉に攻めるなり、此の要領を左右に施し漸次機敏に施すことを習熟すべし。

二、思はず制すべし。

無念無想に合する時は勝敗《せうはい》なきもの丶如くなれど、決して然《しか》らず。無念の對象は同一の心の合致なり、心は氣《き》によりて感動す、故に心の合する時、敵氣動く時は無念《むねん》去り其の動《うご》く心を制するを得べし、故に氣に發《はつ》するも業は雜念生ずるものなれば無想を以て制《ぜい》することと自在たるなり、之れ無念《むねん》にて敵心を制するの方なりとす。

第九節 攻勢の利害

攻勢によりて竹刀《しなひ》を變化する時、其の變化によりて利害《りがい》あり、故に左の動作を練習すべし。

一、青眼より上に手を伸ばさゞること。

攻勢するに竹刀を上げ兩手《りようて》を全く伸張するときは、氣上釣《うわつ》りして其の狀態極めて弱く甚た害となるべし、故に上下の變形より必ず青眼《せいがん》に復し、固守の體勢となり、常に變化自由《へんくわじゆう》たる構によりて攻勢を採るべく之れ尤も有利《ゆうり》なるものなり、故に上下變化より青眼《せいがん》に復して進出することを習熟すべし、去れば自《みづか》ら敵氣を制するなり。即ち本體《ほんたい》の青眼を守り、變形を瞬時に行ふ時は進出《しんしゆつ》に伴れて捷徑に一連絡《れんらく》を取り攻むるを要とす、而して變形は虚《きよ》にして青眼を離《はな》れたる變形は効をなさず、青眼を中心とするは變形をなし青眼《せいがん》に復し、自已を守り敵の形勢を崩すにあり。玆《こゝ》に於て應《おう》じ變ずるものなり、變形して其の青眼を崩すは攻制の本體《ほんたい》あらざるなりとす、攻制せんとするには青眼《せいがん》の本體を崩さず而かも變形を一連に爲し以て敵の間隙を刺撃すべし。

第十四章　攻撃法

第一節　要領

攻撃の攻とは攻める意《い》にして前述の如し、撃《げき》とは其の攻めたる意志《いし》の止まらず、瞬時尤も機敏なる活動の下に刺撃を施《ほどこ》すなり。間斷なく攻め刺撃に變化し出沒自在《しゆつぼつじざい》之れを攻撃なり。此の業によりで敵に抵抗力を失《うしな》はしめ、活動力を壓伏し拘束《こうそく》するに在り、即ち攻と撃とは決して離《はな》れたるものにあらず、常《つね》に一連たるものなり、攻める變化の際は堅城鐵壁も突破《とつぱ》するの勢にして、或は攻めにより敵心身度を失する瞬時隙かさず、縱横無盡《じうわうむじん》に疊みかけて切り捲り、敵の主力を皆殺《みなごろ》しにすべし、故に攻と撃《げき》は敵の眩暈《げんうん》せしむるが如く、常に相俟て施《ほどこ》すべきものとす、何れが一方機宜を失ひ、各々立木の如くなるときは、却《かつ》て敵の侵入を受けるなり、既に攻めに對しては說明《せつめい》せる如くなれど、尙ほ玆に攻撃を主《しゆ》として、說く處あるべし、攻めは氣力の發動《はつどう》にして、各動作にて熟知する如く、竹刀及體勢を變化し、敵を攻むるは其《そ》の變形變應の際、其の精神統一を散乱《さんらん》せしめ、油斷を生ぜしめ、又刺撃を誘出し、心理《しんり》の狀態を變換せしむるに在り、其《そ》の心理狀態の一變は澄心攪乱《たうしんかくらん》し、徒らに澄心浮氣勝心の有我《ゆうが》となり、自己的觀念を狹《せま》むなり、故に自ら破綻《はたん》する心に變化す、之れ氣燥り眼の眩《くら》む時にして、敵の隙なり、我れの刺撃を全ふする處なり、刺撃を施すは啻《ただ》に形狀の如何のみにあらずして、要《えう》は以上の如く精神にあるなり、彼の試合《しあひ》上に於て、敵刺撃せんとする瞬時我れ攻める敵之れに屈せず打ち來る時《とき》は、落ち着き意志《いし》を以て其の出先を押へ、敵の體勢を破れば敵猛氣を挫き退却《たいきやく》す。此の敵體を破れり形式的業の巧妙なると精神《せいしん》作用の一致に依るなり、故に敵の處作を挫くは心正確《せいかく》なる働きによる體の變化と謂《い》ふべし、攻擊の移りは極めて隱微《いんび》なるを要とす、左の時機によりて動作を練習《れんしう》し、依て此の精神統一を修得《しうとく》すべし。

攻擊の一瞬時

一、敵の體勢を乱し又は防禦せんとする時

二、敵の志氣阻喪したる時

三、敵志氣を快復せんとする時

四、敵刺擊するを躊躇したる時

以上各項或る一焦點《せうてん》を凝視する時は敵の意圖《いと》鮮明《せんめい》となり、我が心統一し、遂《つい》に敵に應じ、或は變ずる行動は統一的に行ふことを得《う》べし、即ち敵に一心を[illegible]め其の行動《こうどう》に應ずる時、自ら不知不識の間我が行動を爲すに至るべし。

第二節　動作演習

我が氣の變動《へんどう》するときは、敵氣之れに依つて動搖《どうえう》し、構形を崩すときは、敵氣の隙にて正面《せうめん》を打つ、以下要領同じ。

第一　中段攻進

「中段攻進正面を打て」　青眼より中段となり攻進し其の場より竹刀を摺り上げて正面を打つ。

「中段攻進前突」

「中段攻進右面を打て」　右面を打つは敵の中段となる處斜に外し、右横面を打つ。

「中段攻進右甲手を打て」　斜に外し其儘甲手を直に打つ

第二　斜下段攻擊

「斜下投げ攻進突け」　體を稍や斜とし刀尖を圖の如く下げ攻進し敵の刀を押へ或は青眼にて迷ふ處黒點に刀尖を返へて返し突きを行ふ。

中段攻め正面を打て

第三　左押へ中段攻撃

『左へ押へ甲手を打て』　左へ刀を押へ敵の刀を抜き返さんとするとき摺り込みて甲手を打つ。

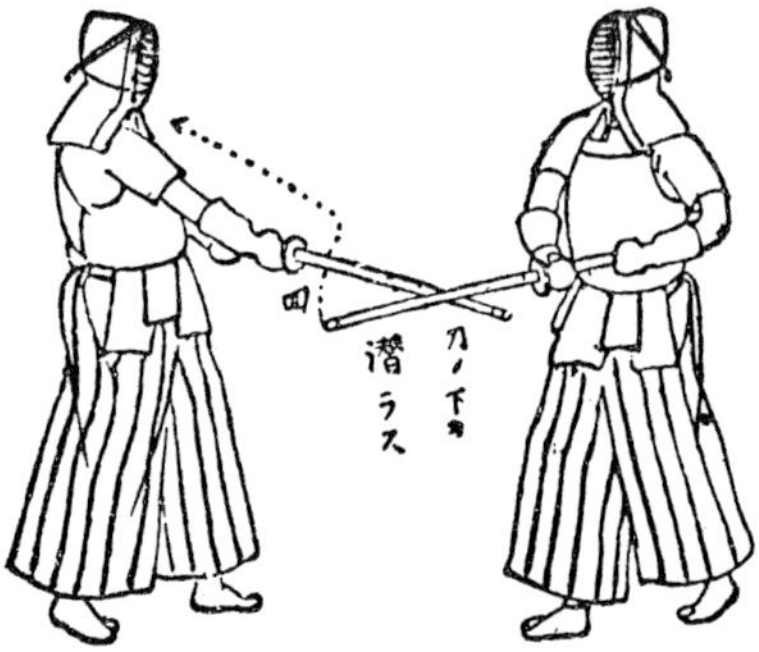

斜下段攻進返し突き

左押へ中段攻進甲手を打つ（平青眼にて押へ）

第四　押へ中段攻撃

「押へ中段より突け」　青眼の刀尖を下に押し落し中段より突く圖の如し。

中段押へ攻進突く

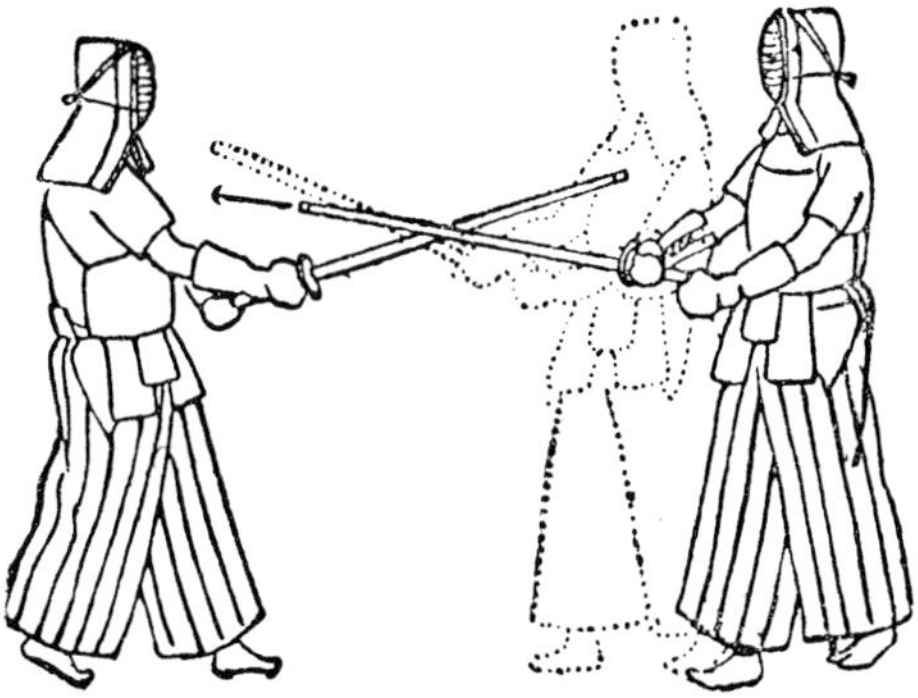

青眼攻進返刀を押へ進め

第五　青眼攻擊

「**青眼攻進刀を押へ**」　青眼より稍や刀尖を斜へ返し中段にて攻進し刀を押へ青眼に復して刀尖敵の咽喉に着け進むべし

第六　上下攻進

「**攻進返し面を打て**」　上下に攻進し敵の形狀と反對とし敵の刀尖上りたるとき摺り込み甲手を打つべし。

第七　誘攻擊

攻制より圖の如く一の竹刀に變化するときは甲手に隙を生ず。攻制よりこの時は突き面に隙を生ず、左の演習によりて敵を防ぎ變擊すべし。

「**面誘ひ胴を打て**」　刀を下げ面の斬擊を誘ひ下より竹刀を斜に上げ防ぎ左へ返して右胴を打つ。

「**甲手を誘ひ正面を打て**」　甲手打ちは斜横に刀を防ぎ正面を打つ。

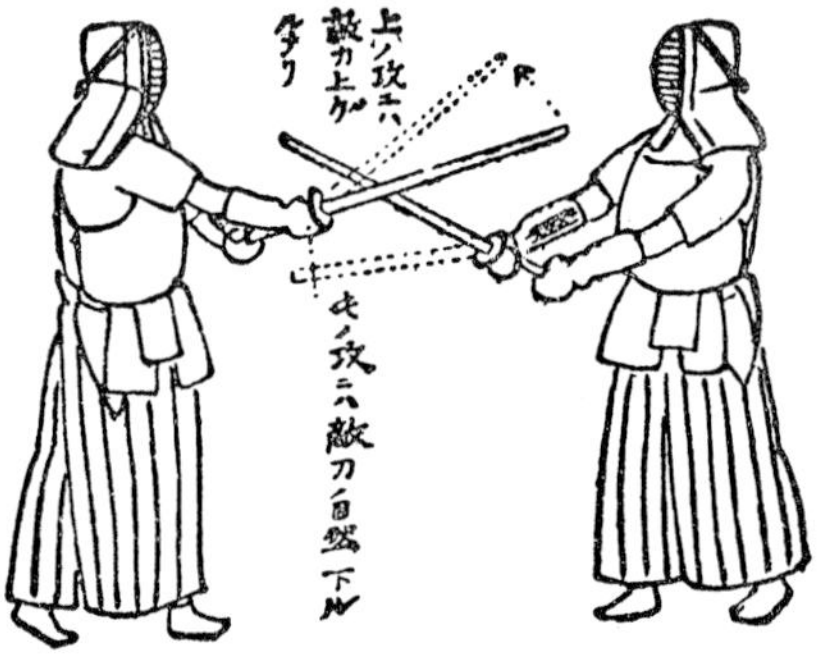

「突きを誘ひ返し突け」　竹刀を左斜に返し落し前突を行ふ。

第八　斜攻進の變擊

「斜攻進前に突け」　敵の中斷の時刀尖にて刀腹を押し前突す。

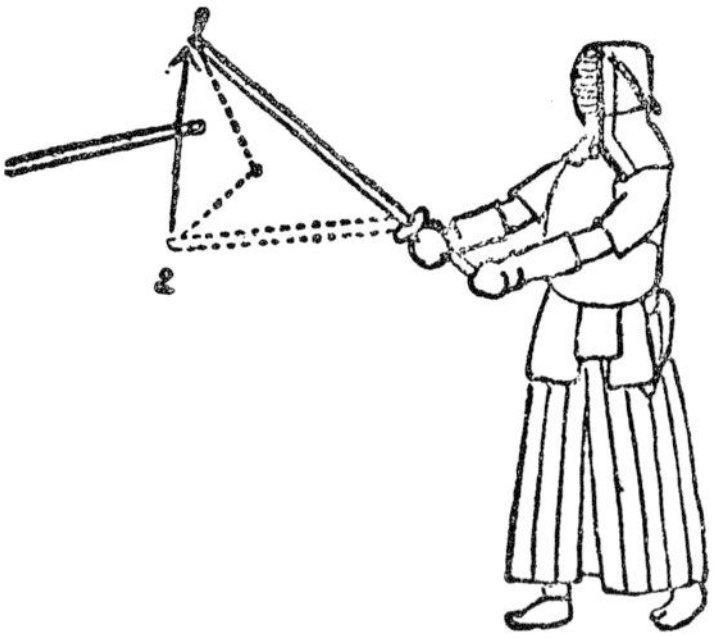

此の一線に上下する時は攻とならず隙を生ず之れを誘ひの形状と云ふ

斜攻進右面を打つ

第三節　動作應用演習

「下段横面を打て」　敵の下段にて攻進する時右足より退いて右横面を打つ。

「甲手誘ひ横面を打て」　敵の甲手を打ち來るとき右足を引きて横面を打つ。

「上下攻め甲手を打て」　第七圖の如く上下に刀を變化すべし。

「攻め返し面を打て」　敵攻制の時は竹刀を斜より返し拂ひ攻制を防ぎ面を打つ。

「攻め押へ返し攻め」　敵攻制の時は竹刀を斜に返し下に押へ反對に進みて攻め返すなり。

「斜外して突け」　敵斜構にて外したるときは突く。

「釣り込み逆胴を打て」

「追込み突け」

「捲き落し攻突け」

「變體攻め返し」

「攻進退面を打て」

「中段攻進右胴を打て」
「青眼攻進右胴を打て」
「突誘ひ甲手を拂へ」
「突誘ひ逆胴を打て」
「返し攻め追込み突け」
「斜攻進前突け」

應用修熟の注意

一、精神を牽制し業を制すること
二、業を以て業を制すること

第四節　柔能剛制

柔能く剛《ごう》を制する如く敵の力剛なれば受外《うけはづ》しに依つて、其の力を利用す是れ柔《じう》を以て其の剛を制す、之れ劍術の業《わざ》たる眞價あり、剛《ごう》は敵の打たん突かんと攻めて、竹刀を押へ拂はんとする敵の力なり、其の制せんとするとき敵の力を利用《りよう》し外するもの柔なり、左に實際的《じつさいてき》練習《れんしう》を說明し、應用動作を爲さしむ。

一、敵我刀を押へんとするときは下より上に拔き敵刀を横に拂ひ突くべし。

二、敵は刀を返し攻勢に出づる瞬時面叉は甲手を打つべし

三、我青眼の刀を攻め返す時は下に潛せ甲手を打つべし。

四、我咽喉に刀尖を着けて攻める時は拔き胴を打つべし。

五、敵の横面を打ち來る時は體を落し逆胴を打つべし。

六、敵甲手に來る時は右横面を右足を引き半身に打つべし。

七、敵の正面を打ち來る時は拔き胴を打つべし。

八、敵竹刀を上げて打たんとする時は其の起りの甲手を打つべし。

九、敵甲手に打ち來る時は上段に拔き正面を打つべし。

十、敵體當りは斜に外し斜打ちに面を打つべし。

十一、敵足搦みの時は兩手拳にて其の胸部を衝くべし。

以上敵の業《わざ》を外し、或は、防ぎ體《たい》を崩す時の瞬時は、敵失敗したる時にして勇勢《ゆうせい》を挽き回復せん

か、又は退却《たいきやく》せんとする時なれば、其の勇勢を挫《くじ》き間一髪業を施すべし、畢竟《ひつけう》するに攻めは勇勢を挫き擊は其の隙を打《う》ちて制するなり。更に攻勢より刺擊の剛《ごう》に出て敵柔を以て外したる時は、猛氣を失ひ活動を制せらるゝなり、此の場合《ばあひ》剛を柔に變じ敵の一擊を加へんとする剛を瞬時に制するの措置に付いて說明《せつめい》し實施せしむ。

一、甲手を打ち敵外したる時は直ちに面を打つべし。

二、面を斬擊したるとき外したる時は直ちに横面より胴を打つべし、」

三、右胴を打ち外したる時は靑眼に復し守るべし。

四、突きて外したる時は接觸して斜構を守るべし。

五、横面を防ぎたる時は退却して靑眼に守るべし。

以上の業は我が體勢《たいせい》に隙を生ずる處なり、故に斬擊外さる共刺擊の手の流《なが》さざる様に努め、外されたる刀の力は直ちに構に復《ふく》す、他の業に變ずる様に練習を怠《おこた》るべからず。

第二編　應用訓練

第一章　精神的訓練

第一節　要領

各教練によりて生理上《せいりじやう》、心理上順序的練習方法を述《の》べたり、其の教練の結果《けつくわ》は、自然千萬無量知るべからざる無限の情神によりて、其の正《たゞ》しき運用をなすに至るなり、既に劍術に於《お》ける、訓練を盡きたりと雖《いへど》も、其の深遠の理たる啻《たゞ》に言語紙筆の能《よ》く盡す所にあらず、只だ精勵克己業を工夫精累して始めて、其深遠の理を修得《しうとく》し得べし、尚工夫の要として、實地的精神の活動《かつどう》、及其の修得すべき應用法を說述して修得するの一助とならん。

第二節　敵に對するの注意

敵對動作により攻制し、刺擊を行《おこな》ふは、素より技術の精熟《せうじゆく》したるによるものなれ共、刺擊せんことするものは、攻制《こうせい》より電光石火に行ふべし、故に常《つね》に敵が右に來るか、左より來《く》るや、如何なる意圖なるや、或は態度の如何なるやに注意し、其敵の臨變の動作を窺知《ち》することに力むべし、敵の動作及作戰計畫《けいくわく》を窺知するを得ば、連續變擊攻擊各教練を確實《かくじつ》に應用して其計畫を破《やぶ》り、動作の隙を制するなり、故に敵に對《たい》して、以上の注意力を養成《ようせい》、修熟し、變擊其他の教練法で正確に實施《じつし》することを要《えう》とす、應用練習する間自然變形に對し無意識に應《おう》じ、或は應じ、其の正法を誤《あやま》らず正確に施し得らるべし、無意識《むいしき》とは精神一物にも執着せず敵より擊《う》ち、或は敵刀を防ぎ、直ちに斬擊すること、石火《せつくわ》の機に施すを謂ふ、即ち敵來るとも其の態度《たいど》を見るや、之れに應じ其の應《おう》ずる一瞬時には、善惡を撰ばず心止《こころや》まらずして、直ちに處作に移る、之れ無意識と謂《い》ふ、又氣の移りとも云ふ、心動かず誤らざる體を自信と云ひ、斯《かく》の如き自信を以て敵に對すれば、又如何なる咄嗟《とつさ》の出來事に相遇するとも驚かず騷《さわ》がず、悠容自若として處置をなすことを得《う》べし、故に敵に注意することに熟成すべし、熱心にして誠意《せいい》正心之に熟せば自然心海は明鏡《めいけふ》の如く、敵の術略を察知《さつち》し、應じて住する所なき強き心力を養成することを得るなり。

第三節　丹田に力を集む

神閑に氣定《きさだま》る所、腕中一點の邪念なく氣海丹田に力を充たす、是れ技術の言妙なり、敵を制せんとするものは、丹田に力を調《ととの》へるなり、丹田に力を調へるとは、呼吸《こきう》を調へ其處に心氣を集め虚心坦懷一心乱《みだ》れざるにあり、此の丹田の力によりて、活動《かつどう》する所、劍理を悟りて、其理を忘《わす》れ、實相を悟りて、實物を忘《わす》れ、恰も鳥の空を忘れて、自在に飛び逍遥するが如《ごと》し、故に如何なる强敵と雖も、敢《あへ》て恐るゝ處なく、其離合進退は實《じつ》に水火を辭せざるの活動となるなり、即ち呼吸《こきゆう》を調へるときは、姿勢《しせい》自然の眞直、全身彈發力と爲り、剛氣にして清淨無垢《せいじやうむく》なる實質をして我心體に歸せしめるなり、故に敵に心を奪《うば》はれず、敵の變形に動轉せず、故に整然《せいぜん》たる構紊乱することなく、正法正道に從ひ、諸技法百法齊しく通じて障碍《せうがい》する所なきなり、去れど息を吐《は》く體は力弱く忘想胸裏に往來し心は爲めに麻《あさ》の如く乱れ、收拾すべからざるに至る。所謂一心に油斷《ゆたん》を生じ其丹田の力を缺く時なりとす。故に五官悉く中樞《ちうすう》精神神經に統一し、一心の乱れざることに力め、敵の處作《しよさく》に心を乱さず、一心統一するは、丹田の氣息《きそく》を調へるの要路なり、丹田の力調へる時は强敵《きやうてき》前に控ゆるも平然として恐《おそ》れざるの膽力となり、敵の所作に應じ變ずる時餘裕綽々として毎戰期せずして敵を破るなり、須らく業《わざ》を練り敵を制せんとするもの、丹田に力を籠《こめ》め、凜として隙なく、敵の刄に對《たい》して情波識浪を一掃し、殺活自在《さつかつじざい》たらしめるなり。

第四節　個性的精神の斷滅

氣は靜止にして、心は活動《かつどう》の工夫なり、或は氣は正智《せいち》の動力にして、心は正智の地盤《ちばん》なり、敵を攻擊するときは、寸毫《すんごう》も邪念なく、彼れを打つ突《つ》く受けると云ふ時は、先づ自己的慾望を斷滅すべし、慾望《よくばう》は一念動き、心に隙を生じ、恐怖《けうふ》を感じ、却て己れの安定を危《あや》うからしめるなり、故に私的觀念自己の一切の慾望を斷滅《だんめつ》し、無我の心想の境に入るべし、無我《むが》は心海一切の善惡を捨て入神の境界に於て、心念《しんねん》起らず、頭腦透明なれば離合進退道を離れざるなり、去れど初心者《しよしんしや》の練習は思惟憶想を以て、自ら心身を苦め敵愾心を起し憤怒の情に制せられて以て、神聖なる自性に歸りて、其本然を守ること能《あた》はず、故に心を靜め、氣を深くし其の神を凝し、念を全ふし、自己的精神《じこてきせいしん》を斷滅することに力むべし、所謂無我《いはゆるむが》に入り私利私慾の念を斷ち意馬心猿の妄動《もうどう》を防ぎ、寛雅豁達の氣象を養ひ、以て玄妙《げんめう》を全ふすることを得べし、此點に於て劍術の修業は實に活きたる座禪《ざぜん》なり、凡そ劍術の養成は、以上の精神即ち心想を現化《げんか》せしむるに外ならず、故に初心者は、其のの練習《れんしう》間智識を含み、判斷識別《はんだんしきべつ》推理によりて、其の業を練磨し、種々雜多の中に、自然《しぜん》此精神を研磨し、以て圓滿的、果斷的、識別的活動を爲《な》し、以て自然眞理を會得し體得すべし。

第五節　氣の移り

互に竹刀《しなひ》を合し、苦辛慘憺の活動を爲し、生死《せいし》の問題を解決するには、其の氣を失《うしな》ひたるものは如何に巧妙なる活動と雖も、無用《むよう》の意義あり、故に吉凶、得失《とくしつ》、長短等の相對的事理に通《つう》じ、障礙する處なきを要《えう》とす、而して相對する時は、其の巧妙《こうみやう》なる業は生氣發動すること唯一心に歸着す、力を合する時は、瞬時氣を淸《きよ》くすべし、氣淸ければ柔軟なる袋《ふくろ》の如く、敵の處作に隨つて之を用ゆるを得べし、此に於て巧妙なる活動《かつどう》を爲し、身を守ることを得ん、第一圖の如く雙方相對《さうはうあひたい》し、間合を取りたる時、勝敗《せうはい》の決する迄應變を繼續すること一氣《き》を以てし、又其の起りて直に應じ變するは氣の移りによりてすべし、之れ自然《しぜん》の働きにして、間斷なき戒愼《かいしん》を生ず、下の圖解を見よ。

間合に立《た》ちたる構形は、恰も磁場内の、陽《やう》と陰に別れたるが如し、陽陰の異性《ゐせい》にして初めて戰ひを生ず、故に構へ同一なれば、氣位《きくらひ》同樣にして不戰なり、同一狀態《ぜうたい》より異性に攻する時は、自然敵氣を引き付《つ》けることを得即ち體の變化する處、其氣移るなり、氣の移る處隙を制《せい》す、之れ自然の理なりとす、即ち變化は氣《き》の別るる處にして隙を生ずる處《ところ》なり、所謂氣を我《わ》れに引き付け直ちに利する處なり、變化は氣の變化にして即ち是非《ぜひ》の分るゝ處なり、其の隙を制するは氣の移《うつ》りを制するの外ならざるなり、初心者《しよしんしや》は變化の際、其の形狀に氣を注《そそ》ぎ、其の自已の處作《しよさ》を忘る、故に變化の際氣の移りなく應ずること能はざるに至《いた》る、彼の進步する順序によりて、之を實行反復《はんふく》するに從ひ、其の刺擊するの方得意となり、其の業を會得《ゑとく》し初めて敵の動作の如何《いかん》により瞬時透間なく之れに應ずるの氣の働《はたら》きとなる、所謂氣は變化の際、迷《まよ》ふことは絕對に不可なれど、是非利害の眞相《しんさう》を悟り其機宜には紙片の如く移りて正《せい》を失はず、而して氣の移りは應事接物如何なる場合《はあひ》に於ても缺くべからざるものにして、間合の刺擊攻制法又は接觸《せつしよく》の斬擊の方法は、氣の移りによりて適切に業を施すなり、其の氣の移《うつ》りは敵氣の先を掛けるにあり、之れ移りの活動《かつどう》なり、而して間合に於て相互動かず、對する時は差別を掃蕩したるものにして平等《びやうどう》なる位なり、去れど平等中陰陽に別れ、虛實變化を生ずるは是れ差別《さべつ》なり、故に差別を生ずる刹那は、透間なく石火《せつくわ》の如く氣移り突撃變撃を施し敵を制するもの先を制《せい》すと云ふ、之氣の移りによる道理《どうり》を見るに外ならざる活動と云ふべし。

敵に對して勝負《せうぶ》の決する運命は、實に此の氣の移寫《いしや》の石火によれば間合に於ける進退は、尤も愼重にす時も粗暴輕卒《そぼうけいそつ》なるべからず、又間合の遠近に於ける戰法の利害《りかい》を工夫し其の業を施すの此の機を習熟《しうじゆく》すべし。

第六節　進退の要心

彼我相對して離隔し接近《せつきん》するは進退といふ、進退距離《しんたいきより》の如何によりて、敵に斬撃を施すの活動を自由とす、即ち進むべき機《き》を知りて、進むは時を失はざるなり、退くときに退くは後を全《まつと》ふせんがためなりと云ふが如く、進退は未發《みはつ》に制し、或は防拂し或は變撃するの業《わざ》をして誤らざらしむる身體の活動と見るべきなり、而《しか》して此の進退の間、業を施すに尤も有利なる法あり、譬《たと》へば中結《なかゆわひ》以内に追込みて、攻制する場合は敵も亦突撃《とつげき》を容易に施すの位置《いち》なり、敵の刺撃を施すの位置は我亦刺撃を自由に施し得る間合なり、故《ゆゑ》に其の間に進み其の隙の先を制すること敢《あへ》て難事にあらざるものなれば攻撃は其の間に進みて施す事尤《もつと》も有利なる物なりとす、此の間より手許《てもと》に入り進退自在にすれば敵氣を未發《みはつ》に制し又敵の隙に向つて速《すみや》かに打込む事を得る事明《あきら》かなり、此の進退を掛引と言ふ、試合に於ける勝敗は此の進退の巧妙なるによるべし、即ち敵を攻め我れ不利なる時は退却して堅固《けんご》なる青眼構を守り我攻め敵固守する時は其の堅壘《けんるい》を破り進撃す、是れ進退の自由なるに基《もとづ》くなり、玆に自己の攻勢の正確を失はず敵の跋扈《はつこ》跳梁《てうりよう》を防ぎ以て其の勢力を破り隙《すき》に乘ずる事を得るなり。斯くの如く一進一退一上一下敵に攻撃或は應變するは此の進退によりて施術《しじゆつ》すべし。即ち左の心得によりて練習すべし。

一、青眼の刀尖合したる時は下段及び中段に變形《へんけい》して攻進し敵の正構を破るべし。

二、攻進して敵の氣を釣《つ》り込むは中段青眼の變化を連續し敵氣を其の形狀に奪《うは》ふべし。

三、敵中段下段に攻める時は其の刀の上に刀を乘せ咽喉《いんこう》に着け攻進す之れを攻め返しと云ふ。

四、接近して鍔摺《つばぜ》り合ひの場合は敵の我刀を押し兩手を伸《の》ばしたる時其の鍔摺合ひの狀態《じやうたい》より右拳を返し水平に左拳《ひだりこぶし》を體に引きて胴を打つべし。

第七節　自　制

氣の迷《まよ》はざる事は劍道の尤も大切なるものなり、即ち氣迷うは鏡の明かなる塵埃《じんあい》のために掩はれ其の明を失ふが如し、故に其塵垢を磨けば舊に仍て瑩徹《けいてつ》すると同一なり、即ち氣の止まらざる事は敵の形狀に氣の止まる事にして氣止まる時は自己の活動する體を失ひたる時なり、是れ活動の誤《あやま》りなり、故に氣は大度鴻量《だいどこうりよう》にし敵の眼を凝視《ぎやうし》し而も氣其處に一途に集中すれば自ら全體全形又は其の動靜を察知し敵の活動に氣止まらず而かも其處作に應じ叉敵の活動の表に超然《てうぜん》として攻擊する事を得べし、故に一心に氣を集むべし、憂悶《ゆうもん》する如き迷執《めいしつ》を自制し氣を雄大にし克己《こつき》以て練習すべし。

第八節　間合の隙

活動は充氣《じうき》と油斷《ゆだん》なき心と伴はざる物皆隙と云ふ、而して隙の氣は動作に依りて眼に觀察する事を得べし、其の隙の動作を見るに四あり即、ち青眼を中心として刀を上げたる場合、下げたる時ん右横に外《はつ》したる形狀は其の變化の瞬、其隙の一方に隙を生ずる體勢《たいせい》なり、攻勢によりて其の崩れたる體勢には必らず氣我が形狀に執着し防拂せんとする意思《ゐし》ある時は妄想《もうえう》ある隙體と云ふべし、若し無我にして敢然として心動かざる物は形狀《けいじはつ》に變化なし、故に敵の攻擊するの隙間なしと云ふべし、殊に徒らに刀を振るは却《かへ》つて自己の心を動かし狼狽し自縄自縛《じじようじばく》するに至る、故に刀を振り又はその青眼を崩す事を愼《つゝし》むべし、故に構刀は動かさず氣を靜め以て敵の變形を刺撃し以て制すべし、刺撃せんとする時敵の正構又は攻勢に對し矢鱈《やたら》に打ち込むは盲目的の打ち込みにして敵の爲めに悉く制せらるゝに至る、仍に變形の隙を制するに利益なる方法を詳解《せうかい》せんとす。

一、競爭及決勝點

競爭とは刀尖にて互に攻撃刺突せんとして死活《しかつ》を爭ふ時之れなり、之れを競爭の起點《きてん》とす、而して其の競爭に勝たんとするには強體と剛氣《ごうき》に依りて弱氣を攻め或は刺撃するに在り強體とは敵に對して隙《すき》を生せざるの體形にして剛氣とは敵形狀の如何を問はず迷《まよ》はざる氣なり、而して強體は青眼より中段又は咽喉《いんこう》に刀尖を變形し攻制する體勢なり、圖の如し、其の體勢は氣を緊張《きんてう》せしめ油斷なく且敵氣を破らんとするの體勢なり、故に形狀は自ら其の侵入《しんにう》を防ぎ其氣を制するの強體と

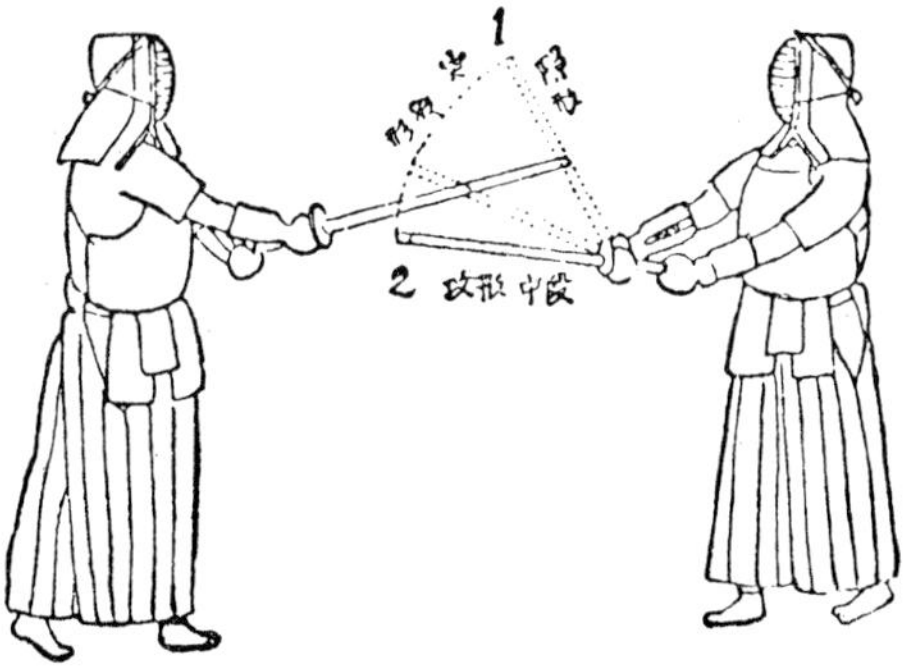

す、剛氣とは其形勢の間敵攻撃せんとすれ共敢《あへ》て動ずる事なく其の起りを制せんとする即ち敵斬撃せば其起りを撃き破《やぶ》ると云ふ一氣なり、此の氣と動作と合致して威《ゐ》風堂々《ぶうどうく》として敵の氣を壓するなり、之れを優勢にして勝《か》つ氣なり體なりとす、而して弱とは之れに反し打たん突かんとする慾心《よくしん》より青眼の刀尖を上に上げ或は刺撃せんとする狀態にて躊躇《ちうちよ》する形狀なり、此の形狀は氣自ら浮き且其の刺撃せんことをあせるなり、即ち圖《ず》に示したる刀の上に上り崩《くず》れたる狀態なりとす、所謂爭ひに勝つとは强《きやう》を以て弱《じやく》を制する處なり。以上の圖に示すは形構を側面より見たる圖なり、靑眼より中段に變形するは右手を稍《や》や下にし、其の下す反動を以て攻制變撃すべし、又中段變化は靑眼の實《じつ》體《たい》を崩さず敵の處作に對して直ちに應ずるを得べし、若《も》し上に上げる時は敵の侵入《しんにう》容易となり極めて弱き體となるべし、故に中段によりて敵を弱に陷《おちい》らしめ强を以て制する事に力むべし、尙ほ左の詳解《しようかい》に依りて利害を了解《りようかい》し以て敵を制する事を了得すべし。

一、相靑眼（競爭點）

刀尖は上の水平線《すゐへいせん》を脫出する時は隙體なり、實體は水平線下に刀尖變化するにあるなり、之れを上下の變化と云ひ虛實瞬時業《きよじつしゆんじわざ》施すの變化と謂《ゐ》ふべし、而して正面より見たる左右の側面に刀尖崩れたるは虚《きよ》にして隙體なりとす。

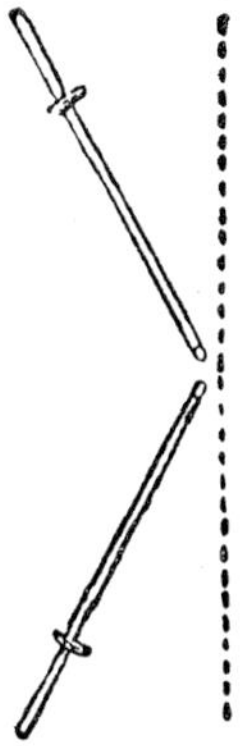

二、刀尖の交叉（第二決勝點）

交叉點《こうさてん》に水平を畫き之れを同一の力の合致とす、此の場合は刀尖を下にし咽喉に刀尖を着《つ》けたる時强體となり交叉《こうさ》の儘《まゝ》なる時は强體なり、即ち圖の如し。

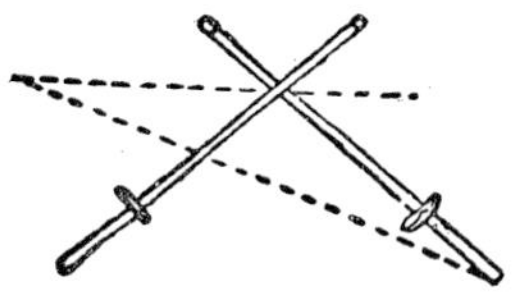

三、接近の交叉（第三決勝點）

交叉點は力の合致《がつち》なり、其の竹刀を押せば刀勢《とうせい》破る、斜に押す時は敵の刀を外すことを得べし、而《しか》して此の交叉の場合は交叉點より直ちに竹刀を返し又は變化するによりて强體となり、兩手を伸《の》ばし或は更に上　に取るは隙體とす。以上說《と》く處の第一は競爭點にして第二第三は決勝點なり各間合に於て　上一下爭ふは、强弱の戰にて勝敗《せうはい》するの間合なりとす、而して決勝第二の間合に於ける防拂は刀腹を以て防《ふせ》ぐものなれば極めて力弱く第三の間合の如き接觸《せつしよく》は完全なる防拂すること能はず、故に此の刀の防拂は圖の如く斜刀によりて敵刀を外し直に斬擊《ざんげき》すべし。

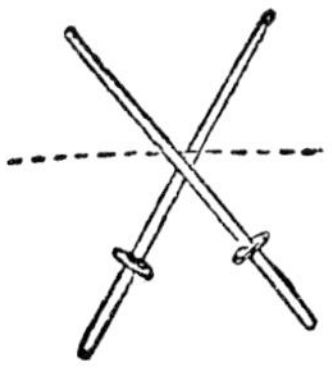

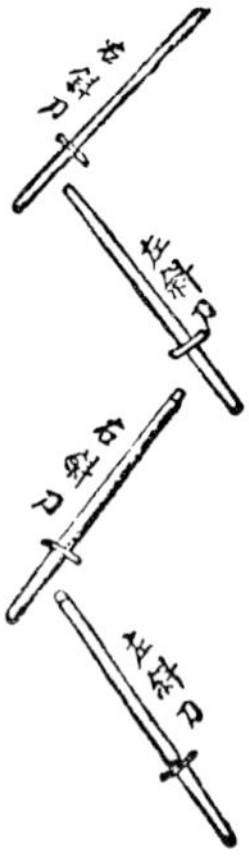

正構體

第九節 接近の隙

間合あらざる接近したる時は正構の刀を自然堅立《けんりつ》とし刀腹にて敵刀を押し來るを制するなり、接近の業は離《はな》れ際《ぎわ》に於て斬擊すべし、左に術を施すに容易《ようゐ》なる場合を擧ぐべし。

一、接近したる時打《う》たんとして竹刀を上げたる時は敵の形狀極めて弱し故に防ぐ考《かんが》へを持たず其形狀の甲手を打《う》つべし。

二、接近したる離れ際には胴《どう》を打つべし。

三、接近したる離れ際には甲手打ち面《めん》を打つべし。

四、敵固守にて正構に復す時は刺擊《しげき》すべし。

五、敵の刺擊せんとする勢刀には其の起りを斜に押へ其活動を壓制《あつせい》すべし。

六、敵の體當《たいあたり》を以て攻むるは竹刀にて斜に體を押《お》し之れを外し壓制すべし。

七、敵の體力の業《わざ》は其の未發に制するを要とし必ず我形勢に其の氣を奪《うは》ふことに力むべし。

第十節　自己の注意

業により心の迷《まよ》ふは自ら大敵を作るものにして敵に兵を貸し盜に糧を齎《もた》らすに異ならず、故に先ず自己の心界の迷ひを消磨《せうま》し盡すことに注意すべし、迷ひを去ることは凡そ左の三項とす。

一、防がんとすること

二、打たんとすること

三、思料に過ぎること

此の三項は何れが一あるも皆自己《じこ》の心を迷はすに至る、即ち『防ぐ』『打つ』『思料に過ぎる』と云ふ時は自己は敵の形狀變化に注意するときにて他に注意すれば自然自己を忘《わす》るゝが故に自己の活動を誤るなり、能く練習者に肩怒《かたいか》り體曲り異樣の姿勢《しせい》を固執するは、心の迷ひの體現にして迷ひの一に偏《へん》する時なり。

敵に對するときは此の三項を戒め、業《わざ》の理法に從ひ敵の隙の機敏《きびん》に處作すれば思はず知らず又無理なく打ち込むことを得べし、生を賭《と》する間所謂身を守り或は打たんとするの氣の起りは邪心《じゃしん》にして其の動作の間に油斷と間隙とを生ずる處なり、身を捨《す》て理法に從ひ活動せば不知《ふち》の間打ち込み心の本體は其の慾心に離れ敵の處作に應じ時機《じき》を誤らざるなり、所謂死を覺悟して却て生に還り危を踏んで却て安らかとなるとなるとは邪心なき働《はたら》きを謂ふ、夫れ自己の心に迷ひ起らざれば進む處換はす處心和し意伸ぶるが故に何物をも思はず無念無想《むねんむそう》一途の心にて活動するを得べし、之を業に心を迷はさると云ふ、去れば敵の形構如何を論ぜず青眼《せいがん》にて從容として敵の隙に處作するの妙を得べし、敵深く侵入《しんにう》して我心を迷はさんとするもの却て隙體なれば其起りを打てば却て容易《ようゐ》に勝を制するを得るなり、故に敵深く侵入する構形に迷はざれば敵の意圖《ゐと》を破り術略を制す是れ即ち禪家に所謂『他の槍頭《そうとう》を把て倒まに人を刺《さ》すの謂なり』之れ敵の邪心を無我無心《むがむしん》にて制したるなり、我心に思ふことあるときは邪心の活動となり自《みづか》ら隙を作るが故に何事をも思はざるを要とす。

第十一節　放心と殘心

第一　放心

人性は即ち理なり理は本と善なり生來具足《せいらいぐそく》す、但だ中間氣稟《ちうかんきりん》の爲めに前に拘はれ物慾の爲めに後ろに蔽《おほ》はれ而して原始《げんし》受くる所の理は爲めに蔽蝕《へいしよく》せらるゝに至る、故に竹刀を採り術《じゆつ》を學ぶには其中庸の心を蝕する所の物慾《ぶつよく》を洗し去りて以て其本體に反るなり、譬《たと》へば月の雲霧《うんむ》の爲めに蔽《おほ》はれて其の明を失ふや、其雲霧を披《ひら》けば則ち舊に仍て清朗《せいろう》なるが如し、先づ敵を制せんとするには自己の心想を靜止《せいし》すべし、心を安靜の地に置くべし、物慾を制し心を一途に集中し總て散乱《さんらん》せしめざるにあり、是に於て心體の明《めい》は月の雲霧を披《ひち》き去て清朗なる如し、之れ本心に歸したるなり、孟子《もうし》の所謂放心を求むると云ふも亦之れに外《ほか》ならず、此の如くにして初めて心想は靜止し敵の動靜が明鏡《めいきやう》止《し》水に映《うつ》り來て寸毫《すんごう》も漏《も》らさざるを得べし。

斯の如くにして心定まり氣落ち着き一心乱れず胸中《きようちう》敵もなく形もなく應事接物縱横《じうわう》無《む》盡《じん》の働きをなす、是れ眞に劍理《けんり》を悟《さと》りて劍理を忘れ一切の善惡の境界に於て信念起らず而かも敵の處作《しよさく》に應じて正を失はず機に臨《のぞ》み變に應じて而かも劍理を全ふす、是れ不意識即ち無意無想の發作《はつさ》なり、畢境するに吾人の劍を採《と》り上段より刺撃するの刹那《せつな》は其の性の初めに復し惡を除き善の心體の活動なり本性に歸したる活動は能く萬境の中に往來《わうらい》して象理《しようり》齊《ひと》しく通じ障礙《せうがい》する所なし、此の心の活動を故心を求むると云《い》ふなり。

第二　殘心

敵を制したる時に於て心に映《えい》ずる所尙且制せんとするは殘心なり、即ち殘心は果敢斷行《くわかんだんこう》したる英氣の餘りなりとす、試合上に於て敵を刺擊したる時に於て敵の死活《しくわつ》を定め又は尙二の太刀《たち》を加へんとする其の餘裕綽々《よゆうしやくく》として尙且餘力あるもの之れを殘心《ざんしん》と云ふ。之れを具體的形狀より說明すれば左の圖解の如し、即ち斬擊したる體勢は即ち邁進《まいしん》の氣によりて斬擊したるなり、其の斬擊したる充氣は直ちに他に轉じ或は直ちに消滅《せうめつ》するものにあらずして其餘の氣は止めを刺さんとするにあり、故に斬擊したる後は圖の如く其儘にて尙一步進まんとする狀態にあるべし、是れ殘心の外部に顯《あらは》れたるものと云ふ、若し斬擊し直ちに靑眼に復するは直ちに斬擊することを得べしと雖《いへど》も之の狀態は元に復するの狀態なり、復すれば物の其本を失《しつ》して而して初めに反るの謂なり、故に靑眼に復すれば殘心にあらず、殘心狀態は既に謂ふ邁進斷行《まいしんだんこう》し心體に歸し物の能く行き屆く所の一心即ち不意識の發作《ほつさ》の餘りにして殘心も其不意識の中映ずる所に應《おう》ぜんとするの心なり、敵の斬擊したる狀態にして弛みなきの體に殘心も籠《こも》るものと云ふべし、尙之れを心理的に說明せんか、相互の肉體の刺戟は强き程其心に反應《はんのう》あり又氣合の强烈《きようれつ》となる、故に氣合により神經中樞《しんけいちゆうすう》を開發するに至る、而して其精神は外由力に對し抵抗力强く《ていこうりよくつよ》力剛毅《がうき》の性をなす、而し强烈なる刺激の下に練磨《れんま》するに從ひ自ら不意識的の動作をなすに至る。即ち業《わざ》の反復するに從ひ隱微《いんび》なる眼中に敵の閃光《せんこう》其劍に於ける瞬時の壓抑は即座に之れに對する相當の行動を換起《かんき》するなり、此行動は即ち無念無想の働《はたら》きとなす、斯の如き無意識の動作は思想《しそう》にあらず知覺《ちかく》にあらず感念是れなり、而して尙一本打《う》たんとするは感念の反射的行動《はんしやてきこうどう》なり、故に以前の充實したる氣を失はざるなり、所謂進擊行動の換起《かんき》は感念なり、即心に映ずる所に應ずるなり、殘心は其の心氣《しんき》の餘りなり、故に放心殘心と云ふも心理を明かにする活動の方便《ほうべん》に過ぎざるなり、斯の如き要心にして始めて眞理《しんり》を悟ることを得べし、而して此の要心を忘れ外觀の技藝《ぎげい》勝負《せうぶ》に重きを置き此の心の練磨に滯《とどこ》ほるときは自心の意を守ること能はず、遂

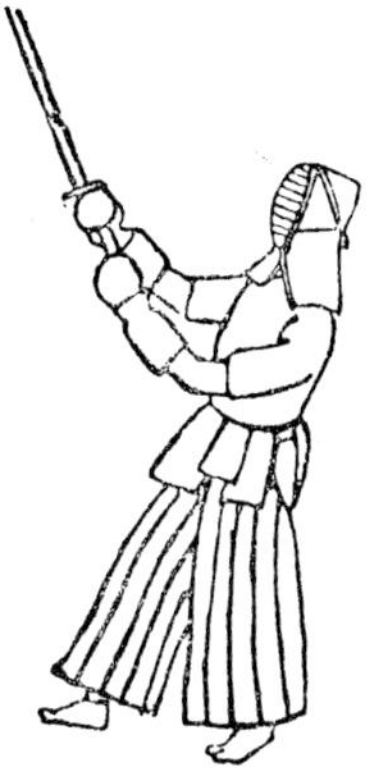

斬擊殘心狀態

に心を動かし體に弛みを生じ、異様《ゐよう》の醜體《しうたい》を演ずるに至るなり、先づ心氣を養ひ以て其の至極の技能の玄妙《げんみよう》に達すべし

放心の事　孟子の一節

孟子曰ク、仁ハ人ノ心也、義ハ人ノ路也、舍テ其路ヲ、而弗レ由ルテ、放テニ其心一ヲ而不テレ知ラレ求ルコトヲ、哀哉、人有レバニ鷄犬放一ツ、則知ルレ求ムルヲレ之ヲ、有テレ放ツレ心ヲ而不テレ知ラレ求ムルコトヲ、學問之道ハ無シレ他、求ムルニ其放心ヲ一而已矣、

（註の譯）

是れ孟子《もうし》人を勉《はげ》まして心に從事せしむるなり、孟子曰く人の一日も離《はな》るべからざるものは仁義に若はなし、而して能く仁義を盡す者は寡《すくな》し是未だ其身に切なるを知らざるのみ、仁とは何ぞや。人各々自ら具ふるの心あり、而して其心とする所のものは、內其中正を存《そん》し、外其慈祥を著す任を以て、之が體と爲すにあらざるか、則ち任は即ち人の心なり、義《ぎ》とは何ぞや、人各々當に行くべきの路《みち》ありて而して其路とするところのものは、經事《けいじ》は宜きを主とし變事は權を主とす義を以て之が準《じゆん》と爲すに非らざるか、則ち義は即ち人の路なり、之を人心人路《じんしんじんろ》と謂ふは則ち是心る操《あやつ》り定路に遵《したが》ふ所以《ゆえん》の者は宜しく其至りを極むべきなり、乃ち其路を捨《す》て置いて而して由らす其心を

放ち失つて而して求むることを知らず、其人たるの理に於ていづくにか在る、亦哀《あはれ》むべきにあらずや、夫れ人若し鷄犬《けいけん》を放つては至輕の物と雖も、皆之を求むることを知る、以て必ず獲《う》ることを期す、放心《はうしん》あるに及んでは、即ち此身に統攝する所なし、係る所至つて重くして反て其縦逸《じういち》に任かせ、出入の間に關存《かんそん》することを知らず、何ぞ其れ至輕に明かにして而して至重に昧きや、抑も心の其放つを聽《ちやう》すべからずして、而して放《はな》てば則ち求めざるべからざるを知る、凡そ學問の中知を致し、行を力むる其事一ならず、而して其道他なし心は一身の主宰《しゆさい》より能く心の其正を得るものをして順以て之を養ひ心の邪に入るものをして愼《つゝし》み、以て之を開かしむれば、則ち視聽言動《しちやうげんどう》、皆治を心に受けて、而して苟《いやしく》もせず、此心の正に由て、而して適《ゆ》くところとして仁に非らざるなし、亦適く所として義にあらざるなし、積累《せきるい》して上達する爰《いづくん》ぞ難からんや、學問の要は放心を求むるに舍《じや》あるの外尚ほ復た他道あらんや、蓋《けだ》し人の心の外に馳《は》する者は其收みて而して入るを欲す、内に存する者は其の推《お》して而して出すを欲す、推せば則ち以て心の用を見るあつて、而して收むれば則ち以て心の體を立つるあり、體立ちて而る後用行はれば、則ち存養省察學問《そんやうせいさつがくもん》に從事するの大原に非ず郁。

處作の癖の事

前揭孟子《もうし》の一節の註に曰く、心は一身の主宰《しゆさい》なりと、因て思ふに、心は氣を使ひ、氣は體を使ふ體は即ち處作を意味す、然れば則ち處作の癖《くせ》は即ち氣の癖にして氣の癖は即ち心の癖なり、故に處作の癖は即ち心の癖なり。

殘心の事

事に辛《つら》かることなく、心體不動の所を謂ふのみ、心體不動なるときは應用明かなり、那落《ならく》の底まで打込むとも、我は元の我なり、心を容れて殘すには非らず、心を殘すときは二念なり。

餘先年去る兩大家の勝負を拜觀せしに、電光石火《でんこうせつくわ》の裏にも尙ほ且つ全精神力の二三分若くは三四分を用ひて鬪《たゝか》ふが如くに見え一進一退矢繼ぎ早に戰へども、六七分の精神力は始終身內を離《はな》れず流汗淋漓《りうかんりんり》勝負遂に決せずして引分けと爲れり、蓋《けだ》し是れ殘心の妙處ならんか

第十二節　達　德

前述せる如く活動は心の表現《へうげん》なり、即ち心外に現れたるなり、去れば敵を制すると云ふも畢竟《ひつきやう》其

心を制したるなり、故に不穩《ふおん》の言語や威喝《ゐかつ》的動作を恐るゝものにあらず、却て上段等の強撃は一喝の氣合の下に倒すこと敢《あへ》て不可なからん、既に言ふ心體の總ての能力を一處に集中し無念無想にして全く慾情を離れたるなり、故に誠心《せいしん》の態度は泰山《たいざん》の如く敵の術略や悉く一目に睨睥して敵の機宜に對し虛心平氣《きよしんへいき》なるが故に自由自在に其の心を制するなり、危機《きき》一髮《はつ》電光石火の竹刀と雖も悠然自若として心を牽制《けんせい》するに在り、是れ白刄を振つて向ひ來る敵と雖も擒縱活殺自在《きんじうかつさつじざい》なるを得るなり。

此の精神たるや何によりて練磨《れんま》するや、其本智仁勇《ちじんゆう》の三德を要素としその千變萬化の心身鍛錬の間其の心を自得するに在り、而して其三德の要素《ようそ》は一に禮によりて心を養ひ又從つて勇氣發す同時に能く德性《とくせい》を養ひ仁を禮するなり、故に邪を制し能く物の道理を悟《さと》り人性の躂《たつ》道能く物に接し愛情の他に及ぶなり、是萬事の善道義《ぜんどうぎ》の樞域《すうゐき》なり、智仁勇の三德具備して義禮信又一心の德に歸す、人の執り守るべき常の分限《ぶんげん》を明かにし又衆と事を共にするものは義なり欺《あざむ》かず言行一致するものは信なり、心の無念は能く信と合致し實に不動の心理狀態《しんりじやうたい》を爲す其働きは何等懼《おそ》るべきものならずして實に應事《おうじ》接物《せつぶつ》持《たの》む所唯心に在りて所謂身を殺して仁を爲すなり、故に一進一退安心立命《あんしんりつめい》の境地に立ちて神速果斷敢行するを得べし、彼の千住觀音《じゆかんおん》は心一にして千變萬化の働きをなす、人にして心體の活動《かつどう》無碍《むがい》無盡《じん》なるは一心發する所身體の活動十方に貫通するを得べきなり、是れ即ち人の性の至善を養ひ達して此に至るものにして終に聖域《せいいき》に入るの機は實に此に胚胎《はいたい》す、所謂良知良能《りやうちりやうのう》を論ずるも亦是の謂《いひ》なり、故に苟《いやしく》も心の本體に歸し然る後智仁勇の三達德を悟得すべし、

三達德の事

智仁勇三者天下之達德也。

何をか三達德《たつとく》と謂ふ、一に曰く智此道を知る所以なり、二に曰く仁此道を體する所以なり、三に曰く勇此道を強むる所以なり、此三者は天命の性天下古今同じ具ふる所の達德なり、然も其の是を行ふ所以のもの、又唯一の誠なるに在り、誠なれは則ち眞實無妄《しんじつむもう》なり。

又曰く、

自《ヨリ》レ誠《ナル》明《カナル》、謂《フ》二之《ヲ》性《ト》一、自《ヨリ》レ明《カナル》誠《ナリ》謂《フ》二之《ヲ》敎《ト》一、誠《ナレハ》則《チ》明《ラカ》矣、明《ナレハ》則《チ》誠《ナリ》矣、

蓋し誠なれば則ち眞實無妄《しんじつむもう》なり、眞實無妄なれば、則ち心體《しんたい》明《あきら》かなり、心體明かなれば即ち正智開く、正智開くれば、則ち道を知り仁を體することを知る、人仁を體すれば、即ち內に常に疾《やま》しからず、外常に懼る所なし、是則ち勇たる所以《ゆえん》なり。

伊藤東涯著復性辯中篇の一節

（上略）唐の中葉《ちうえふ》李《り》翺《かう》字之復性書三篇を著はす、儒者の復性を言ふ此れ自り而して始まる、宋の程《てい》朱氏《しゆし》に至るに及んで專ら復性《ふくせい》を說く、其意に以爲らく人生は即ち理なり、理は本善なり生來具足す教法を待たずして而して虧缺《きけつ》する所なし、堯舜《げうしゆん》より塗人に至るまで一なり、但だ中間氣稟《りん》の爲に前に拘はれ、物慾の爲に後に蔽《おほ》はれ、而して原始《げんし》受くる所の理は爲に蔽蝕《へいしよく》せられて、而して聖人と大に異るに至る、故に今日學問受用《がくもんじゆよう》專ら其中間蝕する所の物慾を決し去て、以て其本初の體に反るを要す、猶ほ鏡《かがみ》の明かなる塵垢《じんこう》の爲に掩はれ其明を失ふや其塵垢《じんこう》を磨《ま》せば、則ち舊に仍て瑩《けい》徹す。又た月の光の雲霧の爲に掩はれて、其明を失ふや其の雲霧を披《ひら》けば、則ち舊に仍《よつ》て清朗なるがごとし、此復性の說の興る所以なり、今其義を審《つまびら》かにするに凡そ復と言ふは、物の其本を失して而して初めに反るの謂なり、故に日月の蝕《しよく》するや明に復と曰ふ、疾《やまひ》の癒《い》ゆるも亦復と曰ふ、若し天下の人をして其初皆其聖人の德《とく》を全ふして、而して後來始めて之を失せしむれば、則ち固より其性の初に復して可なり、然るに其胎を出で、地に墜《お》つる時を原するに、呱々《こゝ》として啼《な》き、蠢々《しゆんく》として動き走非を知らず、好惡《こうあく》を辯ぜず、及父母兄長を識ず、若し其性の初に復らんと欲せば、則ち固より惡の除《のぞ》くべきなり、又善の長ずべきなし。唯其の蠢々の中以て善と爲すべきの本具《もとそなは》る故に、其稍長するや是非を分ち、好惡《こうあく》を辯《べん》じ。父母を見れば則ち之を親むを知り、敬長《けいてう》を見れば則ち之を敬するを知る、此れ人の性の善なり、而して物の能く及ぶ所に非《あ》らざる所以なり、聖賢《せいけん》と爲るべきの本此に胚《はい》胎す、所謂良知良能是なり、苟《いやしく》も以て之を養ふあれば則ち仁義禮智を成すべし、然らざれば即ち仁義禮智の德を成すべきの本ありと雖《いへど》も而も仁義禮智の德を成すこと能はず、故に聖人は人をして其端の本心に就き擴《ひろ》げて而して之を充たし、其忍びざる所を以て之を其忍ぶ所に推し、其爲さざる所を以て之を其爲す所を指し以て其德を成《な》すを得せしむ。（下略）

第十三節　試合及心得

第一　試合の要訣

試合は互に攻防《こうぼう》の術を盡し勝敗を決し以て業《わざ》の應用を益々精熟せしめ自信力を增大し氣力精神を發揚せしむるに在り、試合に關する心得を左に述べ其の途をして誤《あやま》りなからしめんとす。

一、試合者は禮節《れいせつ》を重んじ無法卑劣《むほうひれつ》の動作或は相手を侮蔑《ぶべつ》するが如き言動を爲すべからず。

二、試合は自己の全氣力、全技能《ぜんぎのう》を發揮し以て豁達勇壯《かつたつゆうさう》に動作すべし。
三、試合の動作は威儀嚴然《ゐぎげんぜん》にして異樣の姿勢を取り拙劣《せつれつ》なる態度をなすべからず。
四、試合者は試合の前後に於て審判員《しんぱんゐん》の前を通行《つうこう》すべからず、必ず其の後を通行して試合場に出入すべし。
五、試合は三本勝負若《も》しくは一本勝負なり、何れの試合にても左の各項を遵守《じゆんしゆ》し試合を爲すべし
一、打ち込みて引き上げの時は殘心《ざんしん》を示《しめ》し其の體勢を崩《くづ》さゞること。
二、引き上げの時審判《しんぱん》の顏を凝視《ぎやうし》し又は手を擧げ後へ向く卑劣《ひれつ》なる動作をなさゞること。
三、相手刺擊不確實《ふかくじつ》なる時又は卑劣なる動作により引上げる時正確に刺擊を施《ほどこ》すときは勝となるが故に其とき隙《すか》さず打ち込み勝を制《せい》すること。
四、自己に輕きと觀念《かんねん》するときは正確なる二の太刀にて制すること。
五、足搦體當《あしがらみたいあた》りは、敵の構形を施したる適切なる時機に施し勝《かち》を制すること。
六、組打ちは竹刀を落されたる時若くは敵の竹刀《しなひ》を落して組付きたる場合に施すべし。而して組打ちは首《くび》を絞《し》めて勝を得ること。

七、審判の判決《はんけつ》に對しては絶對に異議を申立《もうした》つることを得ざること。

第十四節　審判心得

一、審判の判決は神聖嚴正《しんせいげんせい》なる精神に由りて決すべし。

二、勝負《せうぶ》は明瞭にして異様《ゐよう》の姿勢を取り或は卑劣なる引上げの打ちは勝に算せず、此時相手方正確なる刺撃したる時は勝《かち》と決《けつ》すべし。

三、足搦み組打ち及片手打ちは時機と適法《てきはふ》なるときには勝に算《さん》す

四、判決は左右の手を膝《ひざ》の外に示して其の判決を明《あきらか》にすべし。

劍道新手引

―(終)―

昭和十二年三月二十日印刷
昭和十二年三月廿五日發行
昭和十六年三月廿五日再版

剣道新手引
㊅定價金一圓三十錢

著者　堀田捨次郎
東京市淺草區壽町一ノ一
發行者　渡邊勝衞
東京市下谷區御徒町二ノ二一
印刷者　塚本元一
東京市下谷區御徒町二ノ二一
印刷所　一成舍印刷所

東京市淺草區壽町一ノ一
電話淺草(84)一三一八番
振替東京四六三三三番
發行所　東江堂

〈復　刻〉

©2002

剣道新手引（オンデマンド版）

二〇〇二年十二月十日発行

著　者　堀田捨次郎

発行者　橋本雄一

発行所　㈱体育とスポーツ出版社
東京都千代田区神田錦町二ー九
電話（〇三）三二九一ー〇九一一
FAX（〇三）三二九三ー七七五〇

印刷所　㈱デジタルパブリッシングサービス
東京都新宿区西五軒町一一ー一三
電話（〇三）五二二五ー六〇六一

ISBN4-88458-006-0　Printed in Japan　AB001